JEAN LHOMER

LE BANQUIER PERREGAUX

et sa fille

la duchesse de Raguse

Nouvelle édition revue et augmentée

EN VENTE A PARIS
Chez P. CORNUAU, Libraire
89, Rue de Richelieu

1926

LE BANQUIER PERREGAUX

et sa fille

la duchesse de Raguse

JEAN LHOMER

LE BANQUIER PERREGAUX

et sa fille la duchesse de Raguse

Nouvelle édition revue et augmentée

EN VENTE A PARIS
Chez P. CORNUAU, Libraire
89, Rue de Richelieu

1926

IL A ÉTÉ TIRÉ DE CET OUVRAGE :

vingt-cinq exemplaires numérotés
sur papier pur fil Lafuma.

A MONSIEUR G. LENOTRE

Hommage reconnaissant

PRÉFACE
DE LA PREMIÈRE ÉDITION

Le nom de Perregaux est à peu près oublié aujourd'hui, car c'est à peine si les dictionnaires biographiques ont daigné lui consacrer quelques lignes ; et pourtant pendant trente ans il fut un des personnages les plus considérables de la finance française et un des hommes les plus connus de Paris. Sous Louis XVI, il vit affluer dans ses bureaux l'élite de la société parisienne ; durant la Révolution, il porta ce titre singulièrement énigmatique de « banquier du Comité de salut public » ; pendant le Consulat enfin, il sut mériter la confiance de Bonaparte qui se connaissait en hommes, et fut chargé par lui de l'organisation de la Banque de France. Mais Perregaux ne fut pas seulement un financier de premier ordre qui rendit de grands services à la France ; il fut aussi la Providence des acteurs et des actrices, car il aimait passionnément le théâtre ; aussi se montra-t-il toujours accueillant et généreux envers les artistes qui venaient lui conter leurs embarras pécuniaires. C'est la figure curieuse et attachante de ce financier que nous avons essayé de faire revivre, grâce à la découverte que nous avons faite, il y a quelques années, d'une partie des papiers de sa fille, la maréchale Marmont, duchesse de Raguse. L'examen de ces documents nous révéla une seconde physionomie non moins attrayante que la première : celle de la duchesse elle-même. Gracieuse et spirituelle, pétillante de malice, enfant terrible quelquefois, adorant son père, Mme de Raguse fut, sans contredit, une des femmes les plus exquises du Premier Empire.

Nous tenons à adresser ici l'expression de notre reconnaissance à M. Frédéric de Perregaux, de Neuchâtel, petit-neveu du banquier, qui a mis à notre disposition tous les documents qu'il possédait sur son grand-oncle ; à Mme Polonceau, l'aimable propriétaire du château de Viry-Châtillon et à M. le curé de Viry-Châtillon qui nous ont communiqué d'intéressants détails sur le séjour de la duchesse de Raguse dans le pays ; à M. Frédéric Masson, de l'Académie française, pour les indications bibliographiques et les utiles renseignements qu'il nous a donnés ; à M. Lorimy, président de la Société archéologique de Châtillon-sur-Seine, qui nous a guidé dans la consultation des archives de cette ville ; enfin à M. Noël Charavay qui a bien voulu nous communiquer les catalogues d'autographes publiés par sa maison.

PERREGAUX

CHAPITRE I[1]

LE MONDE FINANCIER A LA VEILLE DE LA RÉVOLUTION

Le XVIIIe siècle est par excellence le siècle des financiers ; ils sont intimement mêlés aux affaires publiques ; ce sont gens d'importance dont on cherche à s'attirer les faveurs, car on les sait généreux et disposés à prêter avec bonne grâce un peu de ce vil métal dont le besoin se fait de plus en plus sentir avec le luxe inouï qui se déploie à cette époque. Tous sans doute n'ont pas

1. *Sources manuscrites :*

1° Archives de M. Frédéric de Perregaux.

2° Papiers de la duchesse de Raguse.

Sources imprimées :

1° E. de Goncourt : La Guimard. Paris, Charpentier et Fasquelle.

2° E. et J. de Goncourt : Portraits intimes du XVIIIe siècle. *Id.*

3° Bonnefons : Les hôtels historiques de Paris, 1852.

4° Catalogues des collections d'autographes Trémont et Dubrunfaut.

5° Souvenirs de Mlle Duthé, de l'Opéra, avec introduction et notes de Paul Ginisty. Paris, Michaud.

reçu une instruction impeccable, témoin Beaujon, l'opulent banquier de la Cour, allant recommander un de ses protégés à Necker : « Mais, dit le ministre, la personne que vous me recommandez n'est pas riche. Qui donc fournira son cautionnement ? — Moi, répond fièrement Beaujon. — Oh ! oh ! vous parlez comme Corneille ! » s'exclame à son tour le contrôleur général. — Et voilà le banquier de la Cour qui s'anime, se lève sans plus attendre, sort en claquant la porte et s'écrie tout enflammé de colère, une fois dans l'antichambre : « Voyez ce ministre qui me traite de corneille ! [1] » Mais ce ne sont là que de légers travers qui disparaissent aux yeux du monde ébloui par les prodigalités des financiers. Ils engloutissent des sommes énormes dans la construction de véritables palais qu'ils emplissent d'objets précieux : architectes en renom, décorateurs ingénieux, tapissiers habiles, tous sont accaparés par eux. Leurs tables sont succulentes ; on y mange des plats raffinés qui font pâmer de joie les gastronomes : turbot au coulis de homard, ortolans à la financière, potage bisque, etc...

Joyeux viveurs et prodigues, les financiers savent surtout s'attirer les suffrages des femmes : c'est Bouret, le célèbre fermier général, qui pour plaire à une jolie femme lui demandant

1. Thirion. — *Vie privée des Financiers au XVIIIe siècle*, p. 263.

des poissons de la Chine, que Mme de Pompadour était seule à posséder, en fait exécuter six en or émaillé, et construits mécaniquement ; c'est le même Bouret, qui, offrant à souper, fait disposer pour chaque dame, dans deux verres différents, un bouquet de fleurs et une aigrette de diamants.

A ces prodigalités, beaucoup se ruinent : en cinq ans, d'Epinay jette par les fenêtres 1.500.000 livres, Roussel mange 12 millions, Savallette se contente d'une dizaine, Bouret, après avoir dépensé 40 millions, s'empoisonne. — Ainsi leur fortune n'est qu'éphémère ; beaucoup même, comme Boutin, paieront de leur tête sur l'échafaud les haines accumulées contre les fermiers généraux.

A côté de ces financiers fastueux, on voit apparaître dès le début du XVIIIe siècle les banquiers suisses. Travailleurs, intelligents, doués pour les affaires, ils tiennent bientôt le premier rang dans toutes les opérations de banque qui se traitent à Londres et à Paris ; ils fondent rapidement de nombreuses maisons dont la plus célèbre est, sans contredit, celle du négociant genevois Thélusson, qui prend comme associé, puis comme successeur, son comptable, le fameux Necker.

Encouragé par les succès qu'obtenaient à Paris les banquiers suisses, grâce à leurs habitudes d'ordre et de travail et surtout à leur probité qui leur attirait la confiance des commerçants, un jeune homme de Neuchâtel, Jean-Frédéric Perregaux, né le 4 septembre 1744, résolut de fonder à Paris une maison de banque. Appartenant à une des plus vieilles familles de Neuchâtel[1], il se sentait particulièrement attiré vers cette France à la prospérité de laquelle il allait contribuer ; nombreux étaient en effet les membres de sa famille qui avaient mis leur épée au service de la France ; son père et son grand-père étaient de ce nombre.

Perregaux avait été placé très jeune à Mulhouse pour y apprendre l'allemand ; par le lac de Neuchâtel, la Thièle, l'Aar et le Rhin, il avait gagné Bâle en barque et de là s'était rendu à Mulhouse à pied. Après quelques mois de séjour dans cette ville, il passait plusieurs années en Hollande et en Angleterre pour s'instruire dans la pratique des affaires et venait enfin à Paris en 1765. Ses débuts avaient été durs et sa vie laborieuse ; mais, grâce à son énergie et aussi à la protection de son compatriote Necker, il réussissait à percer. L'obscurité la plus complète règne sur les premières années qu'il passa à Paris ; nous trouvons sa banque mentionnée pour la première fois rue Saint-Sauveur, dans l'Almanach royal de 1781, et, dès 1783, sa maison avait déjà acquis une grande prospérité.

1. La famille Perregaux était dès le xve siècle une des premières de Neuchâtel. Jean-Frédéric Perregaux était l'aîné de sept enfants, trois garçons et quatre filles. Il était fils de François-Frédéric Perregaux, né en 1716, officier au service de la France jusqu'en 1740, lieutenant-colonel du Département du Val-de-Ruz.

Perregaux avait épousé, le 20 janvier 1779, une très jolie femme, Adélaïde de Praël, dont la beauté et l'élégance étaient vantées par la société parisienne[1].

Banquier prudent et avisé, possédant une intelligence remarquable des affaires, Perregaux avait un peu des goûts et beaucoup de la générosité des fermiers généraux. Mécène éclairé, il aimait les artistes, dont il était le banquier et l'ami, mais surtout le confident discret des embarras pécuniaires. Les acteurs et les actrices les plus renommés correspondaient amicalement avec lui. Il chargeait le fameux danseur de l'Opéra, Noverre, de lui procurer un chien d'une espèce rare, et voici la réponse que l'artiste lui adressait de Londres le 30 décembre 1782 :

« Monsieur,

« Je n'ai point oublié la commission que vous m'avez donnée ; j'ai fait toutes les démarches possibles pour la remplir, sans avoir pu y parvenir ; je vous dirai, monsieur, que l'espèce de chien que vous désirez est très rare ; il n'y a que

1. Le mariage fut célébré à Longpont (Seine-et-Oise) ; la future, âgée de vingt ans, demeurait alors à Villiers-sur-Orge. Les témoins furent : « messire Jean-Philibert Quentin, chevalier, seigneur de Villiers-sur-Orge, capitaine à la suite de la cavalerie, tuteur de la future ; messire Louis Guillaume Hallé, comte de Rouville, Alexandre de Bas, Clément Belet, Jean Juglin et Nicolas de la Marche ».

le duc de Marlborough et mon frère qui aient de la race, et peut-être quelques autres particuliers, qui en sont également jaloux ; je n'ai donc pu à aucun prix en trouver tels que ceux que j'ai donnés à la reine. Si cependant la personne qui a envie de cette espèce de chien veut patienter, elle pourra avoir un couple de la chienne de mon frère, qui doit mettre bas dans trois semaines ; comme ils seront trop petits à l'époque de mon départ, qui est fixé au commencement de février, pour les emporter, mon frère s'en chargera lui-même dans le courant de juin. Je n'ai pu voir M. Syndon qui m'a apporté votre lettre, mais j'y retournerai demain et lui remettrai la mienne afin qu'il vous la fasse parvenir.

« Je serai bien enchanté que la proposition que je vous fais puisse vous convenir, ainsi qu'à votre ami, et je vous prie de croire que je n'aurai eu d'autre chance que le plaisir de faire quelque chose qui vous soit agréable.

« J'ai l'honneur d'être avec les sentiments les plus distingués, monsieur, votre très humble et très obéissant serviteur.

« NOVERRE. »

C'est ce même Noverre qui date ainsi une lettre adressée à Perregaux : « Ce dimanche matin, veille du lundi où l'on avale les huîtres. » Il comptait, dit-il, lui donner à dîner lundi, et pour l'égayer, il avait invité la citoyenne Carline, « mais, le hasard, qui dispose de tout depuis que la Providence ne se mêle plus de nous, en a disposé tout autrement : en mangeant la soupe, elle reçut une lettre d'envoi qui lui annonçait un cloyère d'huîtres ; elle rompit le vœu de dîner chez moi, s'engagea à vous inviter et me pria de vous prévenir du changement de domicile. Ainsi, je vous invite, en attendant qu'elle vous prie ; vous trouverez là tous les cœurs et tous les visages que vous auriez trouvés chez moi. Nous tâcherons de rire, et de semer quelques fleurs sur notre existence... »

Perregaux sait rendre service et les danseuses de l'Opéra ont souvent recours à ses bons offices. La Duthé qui a quitté Paris en compagnie d'un Anglais, lord Byng, lui envoie ses impressions de Londres, l'entretenant de questions d'argent, l'informant de ce qu'elle a pris chez son correspondant, « car tout est fort cher », et ajoutant : « Ce que vous n'allez pas croire, c'est que je suis vierge, depuis que j'ai quitté Douvres. Malgré toute la foule de courtisans, je suis très sage, je vous jure et ne veux prendre personne jusqu'à nouvel ordre. »

Le 5 janvier 1786, elle lui demande si M. de Beaujon l'a fait son légataire universel ; ce seraient de belles étrennes. « Pour moi je n'en ai pas reçu. C'est un fichu pays que celui-ci pour toutes ces petites misères-là. »

Le 12 avril 1786, elle lui demande qui a gagné la maison de la Guimard, mise en loterie. Elle voudrait bien que ce fût « Mademoiselle Duthé qui le mérite par sa bonne conduite, car d'honneur elle mène une vie exemplaire ». Elle n'a, dit-elle, rabâché avec aucun de ses anciens amants, et elle traite avec beaucoup de froideur les aspirants ; il n'y a qu'un certain Lee sur lequel elle se repose, mais motus ! Sa cour, malgré cela est très brillante et le prince de Galles, qu'elle voit souvent, ne contribue pas peu à la rendre fort agréable.

Elle écrit en 1787 à une de ses amies, Mlle Lumière :

« Ma chère Manon,

« Je donne la commission à mon cousin de t'embrasser pour moi, ainsi que ta maman et ma tante Galabié. J'aurai besoin de rouge, trois pots à un louis comme les derniers et deux à douze francs, les deux derniers de rouge de blonde pour la lumière. Il faudra demander quatre louis à M. Perregaux pour cette emplette ; tu mettras cela dans une petite caisse que tu achèteras, et tu chargeras M. Perregaux de me la faire passer tout de suite, car je n'en ai plus.

« DUTHÉ. »

Une autre danseuse de l'Opéra et non des moins célèbres, la Guimard, entretient avec le banquier de bonnes relations d'amitié. Lorsqu'elle est engagée à l'Opéra de Londres, elle lui confie ses déboires : « Ah ! mon voisin, en quel pays suis-je venue ? Je ne me plains pas des habitants, non, il s'en faut du tout ; mais les Italiens ! Ah ! les coquins ! l'Opéra de Londres en est le repaire à commencer par Il signor Barelli,... et un petit brin notre ami Gallini que je n'ai cru qu'une bonne bête jusqu'à ce moment, mais qui vient de se déclarer quelque chose de plus. » — Et elle raconte que l'Opéra de Londres ayant brûlé, elle a dû considérer son engagement comme rompu, et les 325 guinées qui lui étaient dues, comme perdues ; puis elle énumère tous les moyens employés pour lui faire abandonner ses droits et la faire jouer au rabais au théâtre de Covent Garden, qui, venant d'entrer en vacances, a été mis à la disposition de la troupe du théâtre incendié.

Le 16 avril 1789, la Guimard écrit à son ami Perregaux qu'elle est ordonnatrice des modes à Londres, où elle a reçu un accueil empressé de la duchesse de Devonshire ; on vient la consulter sur les robes à mettre pour le bal qui aura lieu au Grand-Théâtre. « Les dames anglaises, écrit-elle, sont aussi coquettes que les françaises. Donc, au moment où je suis descendue de voiture, à mon arrivée à Londres, j'ai été assommée de marchandes de modes et de tailleurs pour me prier, de la part des dames, de donner mon avis sur leurs habits. Vous pensez bien que je n'ai pas fait de façons. »

Perregaux est aussi l'ami de Dauberval, de

Vestris, *le Dieu de la Danse*, de Mme Dugazon, qui lui écrit en 1789 pour le remercier de l'argent qu'il lui a prêté et le prie de venir le recevoir chez elle. C'est lui encore qui est chargé de verser à Mlle Clairon la pension que lui fait le vicomte de Pieverscourt, comme héritier de son frère. La Montansier lui écrit le 21 mai 1784 qu'elle tiendra grand compte de sa recommandation en faveur d'une débutante qui lui parait bien neuve. Dans ces conditions, on conçoit que nul ne soit mieux renseigné que Perregaux sur tout ce qui touche au théâtre et que les nouvelles et les potins de coulisses lui soient familiers.

Mais ce n'est pas seulement avec les acteurs et actrices qu'il est en relations ; c'est aussi avec les grands personnages qui recherchent son amitié et ses conseils. Le comte de Lauraguais lui annonce le 1er juillet 1781 qu'il va vendre ses dix-huit chevaux : 1° pour ne plus les nourrir ; 2° parce que leurs productions ne peuvent pas lui donner les espérances que lui donnent les juments qu'il a gardées ; 3° pour avoir de l'argent. Le maréchal Roumiantzew, l'illustre général de Catherine II, s'adresse à lui pour le prier de lui envoyer un cuisinier et s'en rapporte à son choix. Le général anglais, sir Henry Dalrymple, lui écrit :

Londres, 7 mai 1786.

« Monsieur,

« Je profite de ce que mon ami, sir Robert

Herries, va à Paris pour m'informer de vos nouvelles, qui sont, j'espère, meilleures que lorsque j'ai eu l'honneur d'en recevoir la dernière fois. Le compatriote que je prends la liberté de vous présenter est un grand banquier de cette ville et il est justement considéré comme un des plus respectables de nos commerçants anglais.

« Sir Robert possède une grande connaissance utile sur le sujet des arrangements commerciaux qu'on se propose de faire et il est comme vous un chaleureux partisan de toute mesure jugée suffisante pour mettre fin à ces mesquines hostilités commerciales qui ont depuis si longtemps déshonoré les deux pays.

« Depuis que je me suis fait l'honneur de vous écrire (il y a environ six semaines) nous n'avons pas eu de nouvelle publication sur le commerce ; quand quelque chose sur ce sujet apparaîtra, je ne manquerai pas de vous l'envoyer. J'espère que le traité est en bonne voie. Je pense que vous avez déjà vu M. Eden que vous vouliez trouver pour les négociations.

« Si mes services peuvent vous être utiles pour quelque affaire ici, je vous prie de me le faire savoir.

« Je vous prie de présenter l'expression de mes sentiments respectueux au marquis de la Fayette ainsi qu'à M. Jefferson dont le livre a beaucoup intéressé quelques-uns de mes amis auxquels je l'ai montré. J'espère en voir bientôt votre Edition.

« Adieu monsieur, croyez-moi, avec grand respect, votre très obéissant et humble serviteur.

« HENRY HEN DALRYMPLE. »

Le duc de Lauzun, le brillant officier de la guerre d'Amérique, correspond fréquemment avec Perregaux :

« Paris ce 1er avril 1786.

« Je viens de voir, Monsieur, la maison de M. Roland qui remplirait parfaitement mes vues, soit qu'elle fût à louer, soit qu'elle fût à vendre ; vous seriez bien aimable de vous informer de ce qu'on en fera un peu plus en détail que je ne le puis faire moi-même. Je ne voudrais pas la louer plus de cent louis par an, ni l'acheter plus de quarante et quelques milles livres ; dans ce dernier cas, vous voudriez bien me faire savoir quels sont les arrangements de paiement parce que je pourrais me servir des 20.000 livres que M. Marchand me doit, ce que j'ai encore est une ressource d'environ trente sur laquelle je vous donnerai s'il en est besoin tous les renseignements nécessaires. Madame de Martinville qui veut bien voir la maison et juger si elle me convient, compte en causer avec vous.

« Adieu Monsieur, recevez tous mes remerciements et les assurances de tous les sentiments que je vous ai voués.

« Le duc DE LAUZUN. »

« A Londres, le 9 février 1787.

« Recevez, je vous prie, tous mes remerciements, Monsieur, des nouvelles que vous me donnez ; je suis fâché que celles de M. de Calonne soient aussi mauvaises ; vous connaissez mon amitié pour lui, je suis affligé qu'il soit malade, dans une circonstance où il a besoin de toute sa santé et de toutes ses forces. Je plains M. de St James de tout mon cœur ; il est de mes amis depuis longtemps ; je le crois incapable de rien de vilain. Je voudrais bien qu'il me fût possible de lui rendre service.

« Vous savez sûrement déjà qu'après le discours le plus éloquent de M. Sheridan et celui qui ait jamais fait le plus d'impression, M. Pitt a voté contre M. Hastings et il a été décidé par une majorité de 112 que M. Hastings serait jugé par la Maison des Lords. Tous ses amis sont dans de grandes et justes alarmes. On rapporte aujourd'hui dans la Chambre des Communes, le traité de Portugal et lundi prochain, M. Fox parlera du traité de commerce avec la France. Je vous ai prié dans ma dernière lettre d'être sans inquiétude. Si par hasard il arrivait que je tirasse sur vous (ce qui n'est pas probable) pour plus d'argent que vous n'avez à moi entre les mains il vous sera remis incessamment pour mon compte une somme plus forte que le crédit que vous m'avez donné sur l'Angleterre. Je vous prie d'écrire en conséquence à M. Hammersley.

« Vous connaissez, Monsieur, tout mon tendre attachement pour vous.

« DE LAUZUN. »

Les affaires entre Paris et Londres passent presque toutes par les mains de Perregaux ; le marquis Cecil de Salisbury, pair d'Angleterre, le comte de Buckinghamshire, James Hamilton, lord Leitrin, lord Moira, grandmaître de l'artillerie anglaise et gouverneur de l'Inde, tels sont les noms de quelques-uns de ses clients.

En avril 1785, il est indirectement mêlé à la célèbre Affaire du Collier ; en effet les joailliers les plus renommés de Londres, Robert et Wiliam Gray et Nathaniel Jefferys, qui ont acheté pour plus de deux cent quarante mille livres au comte de la Motte venu à Londres, pour les négocier, des brillants provenant du collier de la Reine, paient le prix partie en argent comptant, partie par une lettre de change tirée sur Perregaux [1].

Après avoir transporté en 1783 sa maison de banque de la rue Saint-Sauveur à la rue du Sentier, Perregaux s'était bien vite trouvé à l'étroit dans le nouveau local ; aussi acquit-il, en 1786,

1. Cf. Funck-Brentano : *L'Affaire du Collier*, p. 186.

l'hôtel de la Guimard dans des circonstances qui méritent d'être racontées.

La Guimard, dont le plus magnifique adorateur était le vieux maréchal de Soubise qui lui donnait 72.000 livres par an, indépendamment des petits cadeaux de toutes sortes destinés à entretenir l'amitié, la Guimard s'était fait bâtir rue de la Chaussée d'Antin, presque au coin du boulevard, un ravissant hôtel qu'elle avait baptisé *Temple de Terpsichore*. L'architecte Le Doux avait dirigé les travaux ; l'intérieur avait été décoré par Boulle et Fragonard. Grimm raconte à ce propos que la danseuse étant venue à se fâcher avec Fragonard, celui-ci, qui avait représenté sur un panneau la Guimard en Terpsichore, effaça le sourire des lèvres de Terpsichore pour y mettre la colère.

La danseuse donnait des fêtes splendides dans son hôtel ; c'est là qu'elle avait préparé, le jour du mardi gras de 1776, ce fameux souper de soixante personnes qui s'étaient invitées par souscription (on les appelait *chevaliers de cinq louis* à cause du prix de la souscription), souper qui fut interdit par l'archevêque de Paris avec l'appui du Roi.

Lorsque, à la fin de 1782, la banqueroute du prince de Guéménée entraîna la ruine de son beau-père, le prince de Soubise (cette banqueroute s'élevait à plusieurs millions de rentes viagères et comptait trois mille créanciers appartenant aux classes les plus modestes : militaires retraités, domestiques, etc...), il y eut un changement dans les finances de la Guimard. Sans doute, depuis plusieurs années, il y avait eu une rupture entre la danseuse et le prince de Soubise, mais, néanmoins, celui-ci était resté en bons termes avec elle et lui faisait encore quelques largesses.

Dans son embarras qui ne fit que s'accroître en quelques années, la Guimard résolut de mettre son hôtel en loterie. Les 2.500 billets, coûtant chacun 120 livres, s'enlevèrent rapidement ; le tirage eut lieu le 22 mai 1786 en l'hôtel des Menus, rue Bergère, en présence du commissaire De Serreau et des sieurs Devassis et Turtois, inspecteurs de la Loterie royale de France. L'opération commença à dix heures du matin devant une foule considérable. « Les 2.500 billets numérotés étaient placés dans une roue et les 2.499 billets en blanc avec le billet portant le mot : Lot, étaient placés dans l'autre : 1.000 billets avaient été tirés sans que le gagnant fût sorti, et comme il était 2 heures, et que le public désirait une interruption, les scellés étaient posés sur les deux roues. Puis, à quatre heures, ils étaient levés sur la réquisition de Mlle Guimard, et le tirage de la loterie repris. C'était seulement après le tirage de 2.267 billets tirés que sortait le billet gagnant, le billet 2.175[1]. » Ce billet appartenait à la comtesse Dulau qui n'en avait pris qu'un ; elle s'empressa d'ailleurs de

1. E. de Goncourt : *La Guimard*, p. 233.

revendre l'hôtel à Perregaux. Ce fut donc dans cette luxueuse demeure qu'il installa ses appartements et ses bureaux[1] ; il n'était du reste pas le premier financier qui vînt habiter le quartier de la Chaussée-d'Antin : dès 1775, M. de Sainte-Foix, des fermes générales, s'était fait bâtir tout près, dans la rue Basse, un très bel hôtel.

Perregaux ne tarda pas à donner des fêtes superbes ; les artistes les plus réputés, Nivelon, Carline, Dugazon, etc..., vinrent donner des représentations sur le théâtre qui était un véritable bijou ; on vit même la charmante Carline faire changer le spectacle à la Comédie-Italienne pour venir jouer chez lui « devant l'aimable société ».

Ce fut rue de la Chaussée-d'Antin que Perregaux accueillit Laffitte. L'histoire est connue : le jeune Laffitte (il avait alors vingt ans) était venu solliciter une place dans la maison de banque et s'était heurté à un refus ; il sortait découragé, quand, apercevant une épingle par terre, il se baissa pour la ramasser. Frappé de ce geste qui dénotait un esprit d'ordre et d'économie, le banquier rappela le jeune homme et le prit dans ses bureaux. Quoi qu'il en soit de l'authenticité de cette anecdote, ce qui est certain, c'est que Perregaux discerna vite dans le jeune Laffitte les qualités qui devaient faire de lui un

1. Après la mort de Perregaux, l'hôtel abrita la banque Laffitte ; il fut détruit sous Louis-Philippe et remplacé par un magasin de nouveautés, qui disparut lui-même lors du percement de la rue Meyerbeer.

des plus grands financiers de la première moitié du XIXe siècle. Laffitte fut engagé en 1787 comme teneur de livres. En 1790, ses appointements furent portés à 3.000 francs. « Ce jour-là », a-t-il dit plus tard, « je crus posséder le Pérou. Mes petites dépenses bien ordonnées et toutes payées, il me restait 125 francs d'économies, 23 ans d'âge et le roi n'était pas mon cousin ! »

En 1789, Perregaux avait deux enfants : une fille, Anne-Marie Hortense, née à Paris le 18 octobre 1779 et un fils Claude-Charles-Bernardin, né dans la même ville le 29 mars 1785.

CHAPITRE II[1]

UN BANQUIER SOUS LA RÉVOLUTION

Lorsque la Révolution éclata, Perregaux s'en montra partisan avec sagesse et modération. D'une nature prudente et avisée, il comprit qu'à un moment où les financiers étaient vus d'un mauvais œil, et où beaucoup n'allaient pas tarder à être jetés en prison, il était nécessaire pour lui de donner des gages de son patriotisme : aussitôt après le 14 juillet 1789, nous relevons son nom sur la liste des membres du district de Saint-Magloire ; dès que la garde

1. *Sources manuscrites :*

1° Archives de M. Frédéric de Perregaux.
2° Papiers de la duchesse de Raguse.
3° Archives Nationales, F^7 4774^{98} et AF II, 219.

Sources imprimées :

1° E. et J. de Goncourt : Portraits intimes du XVIIIe siècle. Paris, Charpentier et Fasquelle.
2° E. et J. de Goncourt : Histoire de la Société française pendant la Révolution. *Id.*
3° Moniteur universel.
4° Catalogues des collections d'autographes Benjamin Fillon, Charavay, Lajariette, Dubrunfaut, Hervey.
5° Albert Mathiez : La Conspiration de l'Etranger. Paris, Colin, 1918.

nationale est organisée, il a soin de se faire nommer capitaine de la première compagnie de fusiliers qu'il quitte bientôt pour celle des grenadiers, puis devient commandant du bataillon et conserve ce poste jusqu'au 1er janvier 1792.

Dans ces temps troublés, nombreuses sont les demandes d'argent. C'est Sara Lescot, de la Comédie Italienne, qui remercie Perregaux, en 1792, de bien vouloir s'intéresser à son sort et lui envoie les papiers nécessaires pour qu'il dirige ses intérêts. C'est Monnet, le fondateur du théâtre de l'Opéra-Comique aux foires Saint-Germain et Saint-Laurent, qui le remercie, en priant Dieu de le tenir « le cœur en joie et le ventre libre ». C'est encore la charmante Carline qui lui écrit : « Vous m'avez promis de me donner de l'argent, lorsque j'en aurais besoin, et je vous prends au mot. Je renvoie ma femme de chambre et il m'en faut. Ne dites pas non, parce que vous savez bien ce que je ferai. La personne qui vous remettra le billet est le frère de lait (très en laid) de Nivelon[1] ; ainsi vous pouvez en toute sécurité lui remettre et la formule du reçu que je voudrais donner, et l'argent. Bonjour, citoyen, votre amie à pendre et à dépendre. » C'est enfin la Duthé qui l'appelle son cher tuteur, et lui écrit de Londres qu'elle va lui envoyer son portrait : « Tout le monde le trouve très ressemblant, j'espère qu'il vous plaira. »

1. Nivelon, célèbre danseur de l'Opéra, était le mari de Carline, une des actrices les plus réputées de l'ancienne Comédie Italienne.

Le 27 juillet 1789, la Dulhé lui écrit, en s'inquiétant de son hôtel de la Chaussée-d'Antin :

« My dear tuteur,

« Vous ne me dites pas dans la lettre que j'ai reçu de vous hier si je dois vous envoyer mon certificat de vie. J'attends vos ordres : ma pauvre maison l'a échappé belle. Je voudrais de grand cœur qu'elle ne fût plus à moi ; toutes les révolutions qui se passent en France ont ralenti pour quelque temps le désir que j'avais d'y aller. Mon cousin me mande qu'il a besoin de quelque argent pour la maison dont il vous fera l'explication. Je voudrais que vous me fissiez le plaisir de me dire, après que vous aurez touché mes rentes, combien vous aurez de fonds à moi. J'attends votre réponse avec impatience et suis en vous embrassant de tout mon cœur votre amie pour la vie. »

Le 13 octobre 1791, elle lui écrit qu'elle lui enverra sa procuration pour le don patriotique, qu'elle désire faire.

Dans une lettre datée de Londres, 10 août 1792, le jour de la prise des Tuileries, elle supplie Perregaux de veiller sur sa maison, car dans ces moments de crise, il est bon d'avoir un ami tel que lui.

Parmi les solliciteuses qui viennent frapper à la porte du banquier, la plus importune est Théroigne de Méricourt. Dès 1789, s'étant trouvé des aptitudes pour la musique, et voyageant en

Italie, elle demande à Perregaux de l'argent pour elle d'abord, puis pour sa famille : « Je suis venue en Italie pour chanter et étudier ; j'ai conduit avec moi mes trois frères : l'un étudie la peinture et les deux autres le commerce. Comme je suis obligée de toujours voyager, je voudrais établir l'aîné à Liège, où nous avons des parents qui sont dans le commerce. J'aurais besoin de trois mille livres ou trois mille livres et demie pour acheter une place de contrôleur à mon frère aîné, afin que le revenu de cette petite place fournisse à ses besoins pendant qu'il étudiera dans un comptoir. » Dans une lettre du 22 mars de la même année, elle prie le banquier de donner dix louis à son frère pour ses frais de voyage, et de le placer comme apprenti chez son correspondant à Liège.

De retour à Paris, Théroigne, avide de réclame, se mêle à toutes les émeutes, conduit les femmes de Paris à Versailles, lors des journées d'octobre, puis sentant les choses se gâter, car le Châtelet instruit contre elle, elle s'en va à Liège. C'est de cette ville qu'elle écrit à Perregaux, le 26 août 1790, pour lui dire combien elle a été surprise, en apprenant qu'elle était décrétée de prise de corps. « Ce n'est pas la peur qui m'a fait partir, ajoute-t-elle, c'est plutôt la médiocrité de ma fortune, qui m'a forcée, après avoir mangé tous mes diamants, à venir dans mon pays pour y vivre avec économie. » Toutefois, et bien qu'à l'en croire, elle n'ait pas peur, elle le charge de la tenir au courant de la procédure instruite contre elle ; c'est encore à lui qu'elle s'adresse pour faire retirer ses bijoux du Mont-de-Piété.

Au moment où Théroigne s'apprête à rentrer en France et manifeste plus que jamais ses sentiments démocrates et républicains, voici que sur un ordre venu de Vienne, elle est enlevée de Liège par des soldats autrichiens, dans la nuit du 15 au 16 février 1791, et conduite dans la capitale impériale. C'est encore à Perregaux que le frère de Théroigne a recours, en cette circonstance, pour obtenir l'élargissement de sa sœur. Grâce aux démarches du puissant financier, la captivité est douce pour elle : on la traite fort bien, lui écrit-elle le 15 septembre 1791, elle n'est plus en prison, mais dans une maison particulière, surveillée à peine par la police ; néanmoins elle le prie de hâter son élargissement définitif.

Remise enfin en liberté, mais complètement ruinée, elle adresse d'éternelles suppliques à Perregaux, car elle ne réussit guère dans la politique, bafouée qu'elle est par Suleau, Rivarol et Peltier, jusqu'au jour où, fouettée publiquement par les Tricoteuses, elle perd la raison et est enfermée à la Salpêtrière où elle mourra le 8 juin 1815.

L'illustre chimiste Lavoisier demande à Perregaux, le 22 juillet 1791, des détails sur les opinions politiques des personnes qu'il lui a recommandées, car « dans les circonstances actuelles, il faut prendre des précautions plus que nécessaires pour n'être point compromis ».

De tous les banquiers de l'époque, Perregaux est peut-être le seul qui ait conservé pendant la Révolution des relations d'affaires régulières avec l'Europe, le seul dont la maison ait pu délivrer des lettres de crédit sur Londres, Amsterdam et Hambourg, le seul dont la signature inspire confiance. Cette sécurité dont jouit notre financier semble étrange au premier abord, et on demeure déconcerté de voir les plus farouches révolutionnaires tels que Robespierre et Fouquier-Tinville lui témoigner les plus grands égards. Et pourtant la raison en est bien simple : c'est que notre banquier est une puissance et que les membres du Comité de Salut public ont compris quels services son intelligence financière et son crédit pouvaient leur rendre ; aussi le gouvernement a-t-il sans cesse recours à lui. Dès la mise en circulation des assignats, c'est Perregaux qui est chargé de rechercher les faussaires d'assignats, tant en France qu'à l'étranger, jusqu'au jour où un bureau spécial est créé à cet effet à l'Imprimerie Nationale ; quand le Comité de Salut public est organisé, c'est lui qui prend ce titre singulièrement suggestif de « banquier du Comité de Salut public » ; lorsque le ministre de la guerre Bouchotte envoie des agents en Suisse pour y acheter des armes, c'est Perregaux qu'il choisit pour ouvrir les crédits indispensables et le 16 mai 1793, le banquier envoie au ministre « une lettre de crédit de cent mille francs en offrant de l'étendre à telle somme qui lui serait nécessaire » ; c'est lui encore qui, en abouchant avec des négociants suisses les agents du gouvernement, permet à celui-ci de traiter à des prix très avantageux pour la République ; c'est lui enfin qui, en mai 1793, sert d'intermédiaire financier entre le Comité de Salut public et Beaumarchais pour fournir à ce dernier les sommes nécessaires à l'achat des armes dont la République a besoin [1].

Ces relations cordiales avec les hommes de la Révolution n'empêchent pas Perregaux de rester en bons termes avec les royalistes qui avaient jadis été ses clients et ses amis. En pleine Terreur, il entretient des correspondances avec les émigrés et leur fait passer de l'argent ; sa bourse s'ouvre toujours avec bonté.

Perregaux avait cependant des ennemis qui essayèrent de le perdre, en l'accusant d'être un ami du ministre anglais Pitt ; voici ce qu'ils imaginèrent : une nommée Marie-Madeleine Pitt, connue dans le monde galant sous le nom de

1. Beaumarchais, propriétaire de 32.344 fusils à baïonnette déposés en Zélande, avait traité avec le gouvernement le 3 avril 1792, puis, ce traité n'ayant pu être exécuté, les avait vendus à un négociant anglais nommé Lecointe, en se réservant la faculté de réméréer la vente et de reprendre ses armes pour son compte dans les deux mois. Beaumarchais fut alors chargé de les racheter pour le compte du gouvernement (Cf. à ce sujet aux Archives Nationales AF[2] 219).

Soinville, habitait Marolles, près de Boissy-Saint-Léger ; elle avait pris ce nom de Pitt à la suite d'une liaison avec un Anglais, Smith Barry, qui lui avait assuré, par contrat du 26 avril 1786, cinq cents livres sterling viagères par an, dont le service devait être fait par Perregaux. Au cours d'une perquisition faite chez cette femme, on avait trouvé des lettres du banquier, et un billet anonyme le dénonçait aussitôt au Comité de Sûreté générale comme un « agent de Pitt et de la cour d'Angleterre ». C'était une accusation d'autant plus absurde que Pitt n'était pas marié, mais à cette époque il n'en fallait pas tant pour être envoyé à l'échafaud. Le 7 septembre 1793, des commissaires étaient nommés par le Comité de Sûreté générale avec mission de vérifier les papiers du financier et de rechercher les intelligences qu'il avait avec la citoyenne Pitt « qu'on supposait être la femme de Pitt, ministre d'Angleterre, qui ne pourra jamais être aux yeux de tout bon Français qu'un objet d'horreur ».

Perregaux était trop fin pour ne pas tirer son épingle du jeu ; aussi en réponse à ces accusations s'empressa-t-il d'adresser au Comité de Salut public un mémoire justificatif exposant :

« 1° Qu'il est né en Suisse, dans une République, qu'il a été élevé dans les principes de la liberté, que jusqu'au moment où il est arrivé à Paris, il a passé sa jeunesse dans des pays libres, dans la Suisse, l'Angleterre et la Hollande.

« 2° Qu'ayant adopté par goût la France pour résidence, y ayant femme et enfants, des propriétés et un établissement, fruit de son industrie, et y ayant pendant près de 30 années cherché par une conduite sans reproches à y mériter l'estime publique, enfin ayant toujours eu dans son cœur les principes de la liberté dans lesquels il a été élevé et fait tout ce qui était en lui pour contribuer au succès de la Révolution, il n'est guère possible de croire qu'il ait eu le criminel dessein de trahir sa patrie adoptive, en devenant l'agent et secondant les projets d'un homme dont les principes sont si opposés aux siens ou en adoptant quoi que ce soit qui puisse nuire au bonheur de la République. »

Les commissaires délégués par le Comité de Sûreté générale, après s'être rendus chez le banquier, déclarèrent n'avoir rien découvert de suspect, mais en revanche avoir trouvé « les preuves les plus éclatantes de son civisme dans tout le cours de la Révolution et des sacrifices généreux qu'il lui a faits pour assurer la liberté de sa patrie adoptive ». Le 12 septembre 1793, à 10 heures du matin, les scellés furent levés et le banquier ne fut plus inquiété.

En homme avisé, Perregaux jugea qu'il était utile de donner des preuves de son patriotisme et, le 22 octobre 1793, adressa quatre mille livres à la section des Piques, avec la lettre suivante :

« Citoyens,

« Je vous adresse sous ce pli quatre mille livres, tant pour ma contribution que pour celle de mon associé Gumpelzhaimer, pour les frais qu'a occasionné à la section le départ pour la Vendée en mai dernier de nos frères d'armes et pour vous mettre à même de remplir envers eux et les leurs les engagements que vous avez pris.

« Vous voudrez bien, citoyens, nous faire donner une reconnaissance de cette somme dans la même forme que celle des 1200 livres que nous vous donnâmes le 10 mai dernier pour le même objet.

« Recevez nos expressions de fraternité.

« J.-F. Perregaux. »

Les ennemis du banquier revinrent bientôt à la charge ; profitant de l'absence de Perregaux, envoyé en Suisse au mois de novembre 1793, pour y conclure de nombreux et importants marchés au nom du gouvernement, ils obtinrent du Comité de Sûreté générale l'ordre d'arrestation suivant :

« Vu la déclaration faite au Comité aujourd'hui et autres pièces dont le bordereau est ci-joint. Vu également l'arrêté adressé au Comité de surveillance de la Section du Mont-Blanc.

« Le Comité arrête que les citoyens Perregaux, banquier, et son adjoint Gumpelzhaimer seront traduits par-devant le tribunal révolutionnaire, et les pièces dont il s'agit adressées à l'accusateur public ; en conséquence seront les citoyens Perregaux et Gumpelzhaimer saisis en quelque lieu qu'ils se trouvent et conduits, sous bonne et suffisante garde, dans les prisons de la Conciergerie.

« Panis ; — La Vicomterie ; — Louis du Bas-Rhin ; — M. Bayle ; — Vadier ; — Voulland. »

Cette fois-ci, on prétendait que Du Châtelet[1], voulant corrompre le gendarme préposé à sa garde, avait confié à celui-ci qu'il possédait quatre millions déposés chez Perregaux.

En vertu des ordres du Comité de Salut public, trois commissaires délégués par le Comité révolutionnaire de la Section du Mont-Blanc, les citoyens Maréchal, Pernet et Lainé, se rendirent le 14 décembre rue du Mont-Blanc ; le portier leur dit que le banquier était en Suisse par ordre du gouvernement, et que son associé Gumpelzhaimer[2] était sorti depuis un quart d'heure, mais ce dernier arriva sur ces entrefaites et les guida dans la maison. Les commissaires apposèrent les scellés sur les meubles et se retirèrent à cinq heures et demie du soir, emmenant Gum-

1. Louis-Marie Florent duc du Châtelet, officier général, député de la noblesse aux États généraux, fut arrêté en Picardie, condamné à mort par le tribunal révolutionnaire et exécuté le 13 décembre 1793.

2. Jean Albert Gumpelzhaimer, né à Ratisbonne, en 1742, était associé depuis longtemps à Perregaux, dont il était l'ami intime.

pelzhaimer au Comité de la Section du Mont-Blanc, où ils l'enfermèrent dans la chambre d'arrêt, après lui avoir pris son portefeuille et ses papiers. Gumpelzhaimer demanda à être conduit dans la soirée au Comité de Sûreté générale, ce qui fut accordé, et à deux heures du matin, ce Comité ordonnait d'écrouer le prisonnier à la Force[1].

Perregaux, qui avait profité de son séjour en Suisse pour aller passer à Neuchâtel quelques jours auprès de sa famille, apprit avec stupeur l'arrestation de son associé et les poursuites dirigées contre lui-même ; il n'hésita pas à rentrer sur-le-champ à Paris et courut au Comité de Salut public. Quels arguments fit-il valoir ? Quels moyens employa-t-il pour se concilier ces hommes redoutables ? Mystère ! Mais, ce que nous savons, c'est que les poursuites cessèrent comme par enchantement ; le 30 frimaire an II (20 décembre 1793), le Comité de Sûreté générale décida que Gumpelzhaimer serait extrait de la Force et resterait en arrestation chez lui, sous la surveillance d'un gendarme qui veillerait en même temps sur Perregaux ; deux jours après,

1. Gumpelzhaimer fut écroué à la prison de la Force le 15 décembre 1793 ; voici son écrou : « Le 25 frimaire, l'an II de la République, a été amené ès prisons de l'hôpital de la Force, par les citoyens Maréchal et Lainé, commissaires et membres du Comité révolutionnaire, section du Mont-Blanc, le nommé Jean-Albert Gumpelzhaimer, banquier, de l'ordonnance des citoyens commissaires et membres du Comité susdit, sans explication de cause. — Signé, Bault. »

les scellés furent levés, et voici en quels termes Cambon aîné, chargé de vérifier les papiers des banquiers, rendit compte de sa mission à la Convention le 3 nivôse an II (25 décembre 1793) :

« Nommé commissaire par les Comités de Salut public et de Sûreté générale pour vérifier un objet de la plus haute importance qui nous a fait connaître une scélératesse commise par un noble, condamné pour crime d'émigration, je me suis acquitté de ce devoir pénible avec Moïse Bayle. Duchâtelet, condamné comme émigré, tenta, pour se soustraire au supplice, de séduire les gendarmes qui le gardaient ; il leur offrit 100.000 livres ; ils parurent se prêter aux vues de Duchâtelet, après avoir fait leur déclaration à leur chef et avoir pris toutes les précautions nécessaires pour n'être pas en faute. Duchâtelet leur signa un bon de 100.000 livres sur Perregaux et associé, banquiers originaires de Suisse. Ils lui demandèrent : « Mais qui nous assurera du paiement de ces 100.000 livres ? — Cela ne sera pas difficile, leur répondit-il, puisque j'ai soustrait aux recherches 4 millions de ma fortune, que j'ai déposés entre les mains de Perregaux et dont il a 2 millions en or.

« Duchâtelet a péri sur l'échafaud. Le Comité de Salut public a ordonné aussitôt l'arrestation de Perregaux ; on n'a trouvé que son associé. Les scellés ont été mis sur les papiers de cette maison ; personne ne s'y attendait, ainsi rien ne pouvait être soustrait. L'associé a écrit au Comité de Salut public pour lui demander les motifs de son arrestation. Perregaux était à Neuchâtel, sa patrie, sur la frontière de Suisse. A peine apprend-il l'arrestation de son associé qu'il part, revient à Paris et se présente au Comité de Salut public. Le Comité, voulant connaître la vérité, lui demande si ses livres sont en règle, s'il a 4 millions en dépôt appartenant à Duchâtelet, s'il a fait des paiements pour lui. Perregaux répond qu'il n'a jamais payé pour lui que 10.890 livres, en 1790 et 1791, mais que le nom de Duchâtelet n'a jamais été mis sur ses livres, et que s'il l'a dénoncé, c'est parce qu'il y a six mois, Duchâtelet lui offrit une opération d'échange de 6.000 livres sterling, à laquelle lui Perregaux se refusa. Les Comités de Salut public et de Sûreté générale nous chargèrent, Moïse Bayle, Johannot et moi, de poursuivre la vérification des faits ; Moïse Bayle crut prudent d'interroger l'associé. On le fait venir, on lui demande : « Où est Perregaux ? — En Suisse, sa patrie, pour des affaires particulières. — Etes-vous instruit de son arrivée ? — Depuis huit jours, je suis au secret, je n'ai écrit d'autre lettre que celle où je demandais au Comité de Salut public les motifs de mon arrestation.

« Nous commençâmes d'avoir quelques doutes sur la dénonciation. Nous requîmes du Comité révolutionnaire de la Section du Mont-Blanc la levée des scellés qu'il avait apposés sur les papiers de Perregaux. Comme ils nous avaient dit que leurs livres étaient en règle, nous leur demandâmes leur bilan depuis 1789. Ils nous en présentèrent six. Ils faisaient exactement leur inventaire, et ce qui vous surprendra, c'est que depuis 1789, ils n'ont jamais eu en débit ni en crédit pour 4 millions. Nous examinâmes quelle était la fortune de Perregaux en 1789, sa progression, les moyens qui l'avaient augmentée. Sa fortune est bien loin d'être de 4 millions. Il est riche pour un banquier, mais, comme le Comité a pris tous les renseignements nécessaires, la Convention me dispensera sans doute de faire connaître le bilan de ce particulier[1]. La vérité est que la fortune de Perregaux a été progressive à peu près de la même manière chaque année, et sans ces variations communes chez les banquiers qui veulent forcer leurs maisons de commerce. Nous avons vérifié si le mot Duchâtelet se trouvait dans les bilans ; il ne s'y trouvait nulle part. Nous avons examiné la caisse ; ils en faisaient tous les jours le bordereau ; jamais ce bordereau n'a excédé 4 millions. Tous les bordereaux se rapportent les uns aux autres. Le 30 frimaire, il y avait en caisse 700.000 livres en assignats. Nous avons recherché sur les grands livres, depuis 1789, s'il y avait des opérations avec Duchâtelet, nous n'avons rien trouvé, pas plus dans les relations de cette banque avec la Caisse d'escompte. Nous leur avons demandé s'ils avaient satisfait à la loi relative aux sommes

1. L'Assemblée : « Oui ! Oui ! » (Note du *Moniteur*.)

que les négociants français peuvent devoir ou qui peuvent leur être dues par l'étranger. Ils nous ont répondu qu'ils y devaient plus qu'il ne leur était dû. Ils nous ont représenté une déclaration bien en règle, faite à cet égard le lendemain même de votre décret.

« Enfin l'examen de leur correspondance ne nous a produit que deux lettres constatant l'avance de 10.890 livres que Perregaux avait déclarée au Comité. La fortune de l'associé s'est trouvée absolument concordante et dans la même progression que celle de Perregaux. Nous avons porté au Comité de Sûreté générale tous les bordereaux. Il a été convaincu que rien ne pouvait être plus justificatif [1]. »

A la suite de ce discours, la Convention décida l'abandon des poursuites contre Perregaux et Gumpelzhaimer ; comme on avait procédé d'une manière un peu vive à l'égard de ce dernier, on voulut le lui faire oublier, ainsi qu'en témoigne la lettre suivante adressée à Fouquier-Tinville :

« Le Comité de Sûreté générale de la Convention ayant été autorisé par le décret rendu hier à rapporter son arrêté qui te renvoyait le citoyen Perregaux et son associé Gumpelzhaimer, ce dernier avait un portefeuille et un paquet de lettres qui t'ont été adressés, nous te prions de rendre ces effets qui ne peuvent plus rester

1. « On applaudit. » (Note du *Moniteur*.)

entre tes mains, attendu l'innocence reconnue de ces deux associés.

« Les représentants du peuple : M. Bayle ; — Elie Lacoste ; — Amar ; — Dubarran ; — La Vicomterie. »

Le farouche Fouquier s'exécuta aussitôt de la meilleure grâce du monde et rendit à Gumpelzhaimer ses papiers et son portefeuille. Quant à Perregaux qui venait de gagner une partie où un autre eût laissé sa tête, il s'empressa de faire part de ce triomphe aux membres du Comité révolutionnaire de la section des Piques.

Paris, le 16 nivôse, l'an II de la République française une et indivisible.

« Citoyens,

« Vous avez sans doute appris avec surprise l'événement qui avait suspendu quelques moments l'opinion publique que j'ai toujours consultée dans toutes les actions de ma vie. Je ne puis pas mieux vous en exposer les détails qu'en vous transmettant le rapport présenté à la Convention nationale. Le malheur d'avoir été soupçonné est peut-être une circonstance dont je dois aujourd'hui m'applaudir, puisqu'elle a donné lieu à la plus authentique justification de ma conduite et de mes sentiments ; la sévérité n'est point à craindre partout où l'on reconnaît la justice.

« F. Perregaux.

« *P.-S.* — Cette pièce vous serait parvenue plus tôt, si mon temps n'eût pas été entièrement absorbé par les occupations que ma qualité de commissaire pour les réquisitions faites aux banquiers me donne depuis huit jours. »

Cependant, les dénonciateurs ne se lassaient pas : si on n'avait rien trouvé chez le banquier, disaient-ils, c'était parce qu'on n'avait pas vu une cachette qu'il avait fait établir vers le milieu de 1793, par un maçon nommé Stouff. Une enquête eut lieu le 22 nivôse an II (11 janvier 1794) par les soins du commissaire du Comité révolutionnaire de la section du Muséum. Stouff déclara « qu'un jour, Perregaux étant de garde à la Convention nationale, à l'ancienne salle du Manège, l'avait envoyé chercher pour lui communiquer le projet de faire placer une armoire dans un coin auprès de son cabinet, mais que Perregaux, attendu qu'il fallait pour faire cet ouvrage passer par le cabinet, lui a manifesté le désir qu'il fût fait par quelqu'un de sûr et qu'il lui avait demandé s'il ne pourrait pas placer cette armoire lui-même, ce à quoi il répondit affirmativement ». Il ajouta que le banquier lui avait dit : « Ce n'est pas pour moi, je ne crains rien pour ma fortune, mais j'ai des fonds à différents particuliers, je crains d'être pillé. »

Sur l'ordre du Comité de la section du Muséum, quatre commissaires se présentèrent chez Perregaux qui les guida lui-même dans la maison, leur montrant notamment une armoire pratiquée dans un pan de mur derrière une tapisserie ; les commissaires se précipitèrent et trouvèrent... « des garnitures de cheminée et des couvertures de lit ». Perregaux, qui avait mis depuis longtemps à l'abri, en Angleterre, la plus grande partie de sa fortune et de celle de ses clients, regardait faire en souriant. On lui demanda s'il n'y avait pas d'autre cachette : il fit monter les commissaires au premier étage, et leur ouvrit une armoire à deux compartiments pratiquée dans un mur et dans laquelle il n'y avait rien. Les commissaires se déclarèrent absolument satisfaits (ils n'étaient pas difficiles !) et se retirèrent.

Le rôle de Perregaux pendant la Terreur semble assez mystérieux. Un historien anglais, M. Alger, a publié en 1898 dans une revue anglaise l'Athenaeum, une bien curieuse lettre qui fut adressée par le Foreign-Office à Perregaux, et qui se trouve aux Archives Nationales dans les papiers de Danton mis sous scellés lors de son arrestation. En voici le texte :

« Whitehall, vendredi 13.

« L'information que vous nous avez dernièrement envoyée a été très satisfaisante et donne à

12 une satisfaction qui lui va au cœur. Nous désirons que vous continuiez vos efforts et que vous avanciez 3.000 livres à M. C. D., 12.000 à W. T. et 1.000 à De M. pour les services essentiels qu'ils nous ont rendus en soufflant le feu et en portant les jacobins au paroxysme de la fureur. Nous espérons que, grâce à vos efforts et à ceux d'autres personnes que nous vous enverrons bientôt, le vieux 7 sera bientôt de nouveau rétabli ou pour le moins que le présent O se prolongera pour quelques années. Staley a porté votre dernière. Nous sommes décidés à faire droit à la demande de C. D. Vous voudrez bien lui avancer 18.000 livres et être assez aimable pour l'aider à découvrir les canaux dans lesquels l'argent peut-être distribué avec le plus de succès. Nous avons une grande quantité d'affaires à traiter aujourd'hui au ministère, cette circonstance m'oblige à signer moi-même pour S....e.

« Votre très obéissant et humble serviteur. »

Bien que cette lettre ne porte pas d'autre indication que « Vendredi 13 » on peut la dater du vendredi 13 septembre 1793, comme l'admet M. Mathiez dans son livre sur la conspiration de l'Etranger (page 135). Ce document prouve donc que Perregaux â servi d'intermédiaire au Gouvernement anglais en 1793 pour payer à Paris des révolutionnaires afin d'encourager les excès et de dégoûter les Français de la Révolution. Si d'autre part, Perregaux a remis cette lettre à Danton, c'est qu'elle l'intéressait directement et ce fait est singulièrement troublant.

La femme de Perregaux mourut le 22 janvier 1794 ; à la suite de ce deuil, le banquier alla passer quelques mois en Suisse dans sa famille, laissant en pension à Paris sa fille Hortense, âgée de quatorze ans ; le fidèle Gumpelzhaimer était d'ailleurs chargé d'aller souvent voir la jeune fille et de lui apporter les lettres de son père. Celui-ci correspondait régulièrement avec son associé et ses fondés de pouvoir, Laffitte et Lançon, que le drame sanglant de la Terreur ne semblait pas trop inquiéter, si l'on en juge par la lettre suivante :

Paris, ce 7 messidor l'an II de la République une et indivisible.

« Voici, cher citoyen, deux lettres de la citoyenne Hortense. Nous n'en avons pas de vous depuis la nôtre du 5, ainsi nous aurons moins de choses à vous dire.

« Le *Républicain* n° 565 vous sera envoyé. Le citoyen Du Peyron est réabonné pour trois mois au *Moniteur*. Il ne le sera point au *Journal de la Montagne*. Le dernier décret sur les rentes viagères, ainsi que les livres et bien d'autres petits objets que vous désirez, n'attendent pour partir que la première occasion. Ils sont tout prêts, excepté le décret qu'on imprime.

« La citoyenne Béfort a versé au Trésor public les 33 livres. Cet objet va se terminer incessamment. Luc Preiwerck a fait les fonds des 18.000 pour Philippin, il y a même 5.000 de bon sur les 15.000 d'engagement au 10 juillet. Votre observation sur le moral de ce citoyen nous rendra une autre fois plus attentifs pour les affaires que nous traiterons avec lui. Votre bonne volonté et l'expérience du citoyen Gumpelzhaimer nous les fera terminer toutes sans difficultés.

« Vestris reçoit toujours avec plaisir les marques de votre amitié et se console du fromage par l'impossibilité de le faire sortir de la Suisse. La citoyenne Murat vous en a envoyé un que nous ne pouvons vous expédier et qui est déjà trop vieux pour attendre votre retour. Le citoyen Gumpelzhaimer en profitera. Il n'avait pas besoin de ce stimulant pour boire à votre santé, ni nous non plus ; car sans l'entamer aujourd'hui, nous choquerons les verres à votre souvenir en dînant avec les citoyens Leuba, oncle et neveu. Celui-ci paraît se rapprocher de nous, et il ne nous en coûte pas de faire des avances. Il est si doux de voir régner la confiance et l'amitié avec des gens avec lesquels on doit vivre ! Manque d'épanchement on prend quelquefois de fausses opinions, et on est tout étonné de ne trouver en se connaissant mieux que des motifs d'estime et d'attachement.

« Le départ des courriers pour la Suisse n'a pas changé avec le calendrier. Vous devez le voir à la date de nos lettres. Elles retardent sans doute, et vous en connaissez le motif comme nous.

« Il est malheureux pour Walsh que sa traite de 1818 livres n'ait pas été payée, car je crois qu'il sera fort embarrassé pour rembourser les 500 livres qu'on lui a donné dessus. P. Montjoi doit 831 livres, 10 s. pour des avances faites depuis le 7 février 1793. Vous en aurez la note avec celle des autres comptes. Il fallait bien faire ces avances au jeune Gardiner ou le laisser périr de misère.

« Adieu, bon et cher citoyen, nous finissons toujours notre lettre en vous embrassant de cœur et en faisant des vœux pour votre bonheur et votre santé ; pour exprimer le même sentiment on doit se servir des mêmes mots.

« JACQUES LAFFITTE ; LANÇON. »

Après le 9 thermidor, Perregaux rentra en France et reprit la direction de sa maison de banque. Il faillit avoir comme employé à cette époque un futur maréchal de France : Clarke lui écrivit en effet, le 18 nivôse an III, qu'une suspension injuste l'ayant éloigné de l'armée et le mettant hors d'état de faire subsister sa famille, il demandait un emploi dans une banque ou une maison de commerce ; mais il ne fut pas donné de suite à ces projets, car, grâce à la protection de Carnot, le jeune officier fut réintégré dans l'armée.

Par ses nombreux amis et correspondants, Perregaux était un des hommes les mieux renseignés de Paris. C'est ainsi qu'il fut un des premiers à savoir que les Anglais allaient tenter une descente à Quiberon ; le 13 juin 1795, Beaumarchais lui écrivait en effet :

« Ami Perregaux, hâtez-vous de faire parvenir le mot qui suit au Comité de Salut public. Rien n'est aussi certain que cet avis que je reçois dans l'instant de Londres : *Londres, ce 2 juin* 1795. *Les corps d'émigrés français à la solde de l'Angleterre ont ordre de se tenir prêts à s'embarquer pour Jersey et Guernesey, ce qui fait croire à ceux dont je tiens cet avis à une descente très prochaine pour laquelle on croit que le gouvernement a des intelligences dans l'intérieur. Tous en général font leurs paquets en grande hâte.* Quel que soit l'objet de cet embarquement, il va s'effectuer très prochainement. Je vous embrasse. »

L'avis était bon, la suite le prouva ; le 16 juin en effet, les émigrés étaient écrasés à Quiberon.

CHAPITRE III[1]

LE DIRECTOIRE

Au lendemain de Thermidor, il semble que les Parisiens aient voulu noyer le tragique souvenir des atroces journées de la Terreur dans les fêtes et les plaisirs, et qu'après avoir senti si longtemps la mort planer sur leurs têtes, ils aient été saisis d'un furieux besoin de manifester leur joie de vivre.

Cette frénésie de plaisirs se produit dans toutes les classes de la société. Partout, on se rue au bal ; on danse à cinq livres par cavalier chez le citoyen Travers, 1238, rue de la Loi ; on danse à vingt-quatre sous par cavalier et douze sous par citoyenne, rue des Filles-Saint-Thomas ; on

1. *Sources manuscrites :*
   1° Papiers de la duchesse de Raguse.
   2° Archives nationales F[r] 6214.

Sources imprimées :
   1° E. et J. de Goncourt : Histoire de la Société française pendant le Directoire. Paris, Charpentier et Fasquelle.
   2° Lacour : Les Salons sous le Directoire.
   3° Babeau : Lettres de Swinburne.
   4° Madame de Bawr : Mes Souvenirs.
   5° Arnault : Souvenirs d'un Sexagénaire.

danse dans des couvents, dans des granges et jusque dans l'ancien cimetière de Saint-Sulpice. La bonne compagnie a choisi pour ses ébats l'hôtel Longueville, où vient trôner la meilleure danseuse et la plus intrépide écuyère de Paris, Mme Hamelin, pendant que « sous les corniches d'or mille glaces répètent les sourires et les enlacements, les vêtements balayés et moulant le corps et les poitrines de marbre, et les bouches qui, dans l'ivresse et le tourbillon s'ouvrent et fleurissent comme des roses »[1].

Même affluence en été à Biron, à Monceaux et surtout à Tivoli, où dix mille personnes dansent au son d'un orchestre harmonieux.

Les théâtres ne désemplissent pas : Talma, Molé, Saint-Prix, La Rive, Mmes Contat, Thénard, Raucourt, Mézeray se partagent les bravos du public.

A l'heure où finissent les spectacles, il y a foule chez Garchy, le glacier à la mode de la rue de la Loi. Dans la vaste salle que décorent d'immenses glaces encastrées dans des panneaux de bois orangé, avec des chambranles bleu céleste, et qu'éclairent brillamment des lampes de cristal de roche, une foule élégante se presse. Le patron va, vient autour des tables d'acajou, s'informe si on est satisfait de ses biscuits aux amandes et de ses glaces aux abricots ou aux pêches, pendant que les jeunes gens lorgnent les élégantes qui arborent des robes à *la Flore*, à *la Vestale*, à

1. E. et J. de Goncourt : *Op. cit.*, p. 144.

la Diane, des tuniques à *la Minerve* ou à *la Cérès*.

Les thés sont aussi à la mode, mais ce sont des thés pantagruéliques qu'il est d'usage de servir à 2 ou 3 heures du matin ; on y mange des poulardes truffées du Mans, des roastbeefs saignants, des pâtés d'Amiens, des chauds-froids de gibier, des tranches de jambon. C'est que le Directoire est le règne des grands mangeurs : le général Junot mange trois cents huîtres au commencement de chacun de ses repas. C'est aussi l'époque où Talleyrand invite ses amis à des soupers fins qui sont servis par des nymphes vêtues d'une étoffe légère.

Cette société nouvelle composée surtout de parvenus se presse dans les salons du Luxembourg où la gracieuse Mme Tallien prêche l'élégance et l'amour. On y rencontre Mme Hamelin et Mme Récamier ; on y voit la spirituelle Mme de Staël, la belle Mme Hainguerlot, la gracieuse citoyenne Saint-Fargeau et tout un essaim de jolies femmes qui déploient un luxe inouï.

C'est au milieu de ce monde bizarre, dont l'élégance a gardé quelque chose de cru et de canaille, que Perregaux reprend la direction de sa maison de banque. Plus que jamais les quémandeurs affluent dans son cabinet, car il y a bien des misères ! Beaucoup de tables manquent de pain. Pendant l'hiver de 1796, où le thermomètre marque 10 degrés de froid, nombreux sont ceux qui meurent d'épuisement ; on mange du sang de cheval cuit et on boit du sirop de racines ! Les journaux annoncent qu'il n'y a plus de sucre pour les malades de Paris, plus de bois pour fabriquer des jambes aux amputés des armées ! Le pain vaut 60 francs la livre et le reste est à l'avenant ; le blanchissage d'une chemise coûte un écu ; le prix de la chandelle est inabordable. On ne compte plus les gens qu'a ruinés la Révolution !

Les artistes viennent comme autrefois recourir aux bons offices du banquier Perregaux. Ceux qui ont quelque argent le lui confient pour un placement avantageux ; ceux qui n'ont rien lui content leurs embarras pécuniaires, et tout de suite, il les comprend à demi-mot ; il a l'air de prêter, alors qu'en réalité il oblige. Personne, parmi ceux qui ont recours à son inépuisable générosité, ne s'en va les mains vides.

En l'an IV, Mlle Raucourt, qui vient d'acheter une ferme à Compiègne, et n'a pas d'argent pour la payer, lui demande à emprunter 200.000 francs.

Mme Vestris, première danseuse à l'Opéra et femme du *Dieu de la Danse*, lui écrit de Soissons pour lui recommander un de ses parents.

Dans une lettre datée de Londres, le 23 octobre 1796, la Duthé l'appelle « son cher tuteur » et l'entretient de ses affaires. « Il est dans l'ordre, dit-elle, que mes amants aient toujours affaire à mon tuteur ». Et en témoignage de reconnaissance, elle lui annonce l'envoi des ouvrages « du chat qu'expire (Shakespeare) » !

Mais de toutes ses correspondantes, la plus assidue est la charmante Louise Contat, qui envoie de Genève à « son cher bon ami M. Perregaux » ses remerciements affectueux pour les aimables relations qu'il lui a procurées. Le 28 septembre 1797, elle lui annonce qu'elle a reçu un accueil enthousiaste à Bordeaux et, comme elle a gagné quelque argent, elle le prie de remettre de sa part 1200 livres à son fils Maupeou. Quelques mois après, c'est de Marseille qu'elle écrit au banquier :

« Mille et mille remerciements, mon cher Perregaux, de toute l'obligeance que vous me montrez, je la regarde comme une preuve d'amitié, et, par cela même, elle me devient plus précieuse. Hélas ! quel événement que celui de l'Odéon[1] ! de combien de malheurs les artistes sont-ils poursuivis ! et que j'envie ceux qui peuvent abandonner une carrière aussi désastreuse ! Le hasard m'a bien servie en m'éloignant de Paris en ces circonstances, je mets à profit un temps que les autres perdent, dans un trompeur espoir, mais le produit de mes efforts se trouve absorbé par des dettes, des besoins de famille ; il ne m'en reste presque que la satisfaction de faire honneur à tout ; enfin, c'en est une dont mon cœur et ma délicatesse sentent tout le prix. Je vais en partant vous faire passer encore, puisque vous le permettez, quelques fonds pour remettre

1. Le théâtre de l'Odéon avait brûlé le 18 mars 1799.

à mon frère. J'en aurais eu beaucoup davantage, si les ordres ministériels ne m'avaient fait languir et gagner la belle saison, mais cependant je suis contente : il s'en faut de tout que Molé en puisse dire autant, car il a été totalement abandonné à Lyon. Mon Dieu, que je voudrais que le pauvre Fleury trouvât quelque chose d'avantageux en ce moment ! il a de la famille aussi, et vient de me montrer un intérêt auquel je suis bien sensible. Faites-lui mes amitiés, mon très cher, mais gardez-en, je vous prie, la meilleure partie vous-même.

« Louise CONTAT.

« Parny vous dit mille choses affectueuses, il est toujours boiteux. Deshays et Mlle Duchemin débutent ici le 15. »

Dans une autre lettre de la même année, écrite de Montpellier, Mlle Contat tient son correspondant au courant de ses engagements et de ses représentations en province.

Ce n'est pas seulement avec les artistes que Perregaux est en relations : l'abbé Morellet, Collin d'Harleville, Andrieux, Picard, Ducis, Legouvé sont de ses amis ; Hugues Maret, le futur duc de Bassano, lui recommande un ami en ces termes :

« Je me suis présenté hier chez le citoyen Perregaux, mon désir était de le voir ; je me proposais de lui parler aussi d'un ami pour lequel il me serait précieux d'obtenir sa bienveillance. C'est le citoyen Ange Peterinck-Cardon, de Lille. Depuis le commencement de ce siècle, une branche de ma famille entretient avec la sienne des liaisons d'affaires et de commerce ; une confiance d'aussi vieille date et si constamment méritée a produit une amitié héréditaire. Mme Peterinck-Cardon la mère, à la mort de son mari, s'est trouvée investie du droit de régir ses affaires pendant dix ans. Le temps vient d'expirer et le citoyen Ange Peterinck, qui a constamment signé pour sa mère, s'occupe à désintéresser son frère, pour devenir, par des arrangements qui conviennent à sa famille, l'unique chef de la maison. Un nom estimé, une fabrique connue, des propriétés foncières assez considérables et une conduite personnelle à l'abri de tout reproche, tels sont les moyens sur lesquels il compte pour donner plus d'accroissement à ses affaires. S'il y joignait l'appui du citoyen Perregaux, à l'abri d'un crédit aussi respectable, il se livrerait à ses travaux avec une sérénité que rien ne pourrait troubler.

« Je prie le citoyen Perregaux de me donner une heure à laquelle le citoyen Peterinck-Cardon puisse s'entretenir avec lui.

« Salut et amitié.

« Hugues B. Maret. »

24 pluviôse an VI.

« On dit qu'un agent anglais est arrivé depuis plusieurs jours avec des propositions. Le citoyen Perregaux en sait-il quelque chose ? »

Dès le 14 juin 1795 la future impératrice Joséphine fait connaissance de Perregaux et vient dîner à sa table en compagnie du ménage Tallien, de Fréron et de quelques banquiers.

Perregaux est toujours en relations suivies avec l'Angleterre, ainsi que le prouve cette note d'un inspecteur de police en date du 21 juillet 1799 : « ... J'ai appris dans la conversation que le banquier Perigot (*sic*), demeurant Chaussée d'Antin, correspond régulièrement avec l'Angleterre, et qu'il est même le seul à qui l'on puisse s'adresser pour envoyer ou tirer de l'argent dû à Paris... »

Un voyageur anglais, Henry Swinburne, qui visite Paris pendant l'hiver de 1796 à 1797, a bien soin de se faire inviter par lui ; on lit dans ses notes, à la date du 27 janvier 1797 : « Rencontré à dîner, chez Perregaux, l'ancien évêque d'Autun, Talleyrand, revenu récemment d'Amérique. Nous avons renouvelé connaissance. Tout diable boiteux qu'il est, c'est un homme très agréable. Il remue ciel et terre pour être employé par le Directoire. Il y avait aussi là mon vieil ami Saint-Foix, aujourd'hui compère et compagnon de Talleyrand, et Simon Dumesny, petit-fils d'Helvétius. » — Quelques jours après, le 19 février, Swinburne dîne de nouveau chez le financier et y trouve une réunion aussi brillante : « Dîné chez Perregaux avec Saint-Foix, Talleyrand, Roederer et Beaumarchais ; ce dernier est très sourd, mais encore spirituel et gai [1]. »

Perregaux se distinguait de ses collègues de la banque, les Hainguerlot, les Ouvrard, les Vander Berghe, les Hottinguer, par sa politesse, sa bienveillance et son obligeance. Financier de premier ordre, doué d'une intelligence supérieure, il avait beaucoup d'esprit et des reparties mordantes. Il supportait la plaisanterie de la meilleure grâce du monde : l'aventure suivante dont il fut le héros et que rapporte Mme de Bawr en est la preuve. A l'époque du Directoire, il était de mode d'inviter à sa table certains personnages dont le métier était de mystifier le convive qu'on leur livrait, et ce, pour la plus grande joie des autres invités qui avaient été préalablement mis dans le secret ; parmi ces mystificateurs, le plus célèbre était Musson, qui parvenait à abuser les hommes les plus fins. « M. Perregaux, le banquier, qui ne connaissait

1. C'est à Perregaux que Beaumarchais avait dû sa radiation de la liste des émigrés ; Mme de Beaumarchais s'était en effet adressée au banquier qui était l'ami de l'écrivain, pour le prier d'intercéder auprès de Cambacérès afin d'obtenir le retour de son mari. « Nous devons », lui écrivait-elle, « tous réunir nos efforts pour amener à bien cette radiation. Plus elle tarde, plus le feu se met à ses affaires, et après tout, cette demande est d'une justice si étroite, que je ne sais plus aujourd'hui ce qui pourrait retenir nos législateurs. Et puis le pauvre bon ami finirait par crever de chagrin ou de désespoir. »

Musson que de nom, étant venu dîner chez M. Lenoir[1], l'homme de Paris, je crois, qui aimait le plus à s'amuser, aperçut dans un coin du salon un vieillard dont les regards hébétés et la contenance étaient si étranges, qu'il saisit la première occasion pour demander au maître du logis qui était cet homme... — C'est mon oncle, répondit M. Lenoir ; il loge avec moi, et par son testament il m'a laissé toute sa fortune qui est assez considérable. Malheureusement, il est tombé en enfance au point d'être devenu presque imbécile, comme vous pouvez le voir. Nous ne le laissons jamais sortir seul, parce qu'il ne reconnaît plus les rues dans Paris. — On se mit à table, et, tant que dura le dîner, M. Perregaux ne pouvait détacher ses yeux du vieillard, qui non seulement lui semblait un modèle de contorsions grotesques, mais qui ne cessait de se mêler à la conversation par quelques mots si risibles que M. Perregaux faisait des efforts inouïs pour ne pas éclater, tandis que les autres convives feignaient d'imiter sa retenue. Enfin, le retour au salon le délivra de cette contrainte, et, ses gens étant arrivés, il se retira de bonne heure, sans être désabusé. Quelques semaines après, comme il passait sur le boulevard dans sa voiture avec un de ses amis, il reconnut Musson qui se promenait seul dans la contre-allée. — O mon

1. Lenoir recevait beaucoup, et ses salons étaient fréquentés par l'élite intellectuelle du monde parisien ; Talma y jouait des comédies improvisées, et Andrieux récitait des fables.

Dieu ! s'écria-t-il, voilà l'oncle de Lenoir qui s'est échappé. — Comment ? dit son ami, ne connaissant pas Musson plus que lui. — Oui, reprend M. Perregaux en tirant le cordon pour faire arrêter, ce pauvre homme a perdu la raison ; il va s'égarer dans la ville, si je ne le reconduis pas. Et, donnant l'ordre à son cocher de le suivre, il descendit de voiture avec celui qui l'accompagnait, joignit Musson et lui proposa avec la plus grande douceur de le ramener chez son neveu. Musson reconnaît M. Perregaux ; il reprend aussitôt son rôle. — Non, non, lui dit-il, d'un ton enfantin, je veux trouver une boutique où l'on vende des polichinelles. — Et pourquoi ? — Parce que je veux en acheter un pour m'amuser avec. Je ne suis sorti que pour cela. — Votre neveu vous en donnera tant que vous en voudrez, dès que vous serez retourné chez lui. — Il n'y a pas de jolis polichinelles dans notre quartier. — Je vous enverrai un polichinelle ce soir. Le mot de polichinelle, si souvent répété par des hommes de cet âge, avait fait s'arrêter quelques passants qui écoutaient cette conversation. M. Perregaux, craignant de faire scène, prit par le bras Musson, et se mit à marcher avec lui à la recherche d'un marchand de joujoux. Enfin, ils en trouvèrent un ; M. Perregaux entra dans la boutique, acheta le plus beau polichinelle et le remettant aux mains de Musson : — Maintenant, vous voilà satisfait, lui dit-il, et vous voulez bien que je vous ramène chez votre neveu, n'est-ce pas ? Touché d'une pareille bienveillance, le mystificateur ne se sentit pas le courage de pousser la plaisanterie plus loin : — Je vous remercie, monsieur, répondit-il du ton le plus raisonnable, mais je n'abuserai pas de votre bonté ; je me nomme Musson. — Ah ! s'écria en riant M. Perregaux, ce coquin de Lenoir me le paiera ! Je n'en suis pas moins charmé d'avoir connu même en victime, un aussi admirable talent. Et, serrant la main de Musson, il remonta dans sa voiture. »

CHAPITRE IV[1]

LE MARIAGE DE MARMONT

Hortense Perregaux venait d'achever son éducation dans la maison fondée par Mme Campan à Saint-Germain ; elle y avait eu pour camarades Eglé Auguier qui allait bientôt épouser le maréchal Ney, Adèle Auguier qui devait périr tragiquement, en pleine jeunesse, dans un accident de montagne, enfin Hortense de Beauharnais. Très gâtée par son père qu'elle amusait par ses saillies vives et spirituelles, Mlle Perregaux conquérait tous ceux qui l'approchaient par sa grâce et son intelligence. En novembre 1795, l'abbé Morellet demandait au banquier quand il pourrait jouir du plaisir « d'aller le revoir et faire connaissance avec mademoiselle sa fille ».

1. *Sources manuscrites :*
   1° Papiers de la duchesse de Raguse.
   2° Archives de la Bibliothèque de Châtillon-sur-Seine : papiers du maréchal Marmont.
   Sources imprimées :
   1° Mémoires du duc de Raguse de 1792 à 1841. — Paris (Perrotin) 1856-57.
   2° Moniteur Universel.

A la fin de 1796, Perregaux donna dans son hôtel de la rue du Mont-Blanc des fêtes brillantes ; la plus belle fut sans contredit celle qu'il offrit en l'honneur de la présentation au Directoire des vingt-deux drapeaux pris à l'ennemi et envoyés par le général Bonaparte.

C'était à son aide de camp favori, à Marmont, que le général en chef de l'armée d'Italie avait confié la mission de porter ces drapeaux au gouvernement. Issu d'une vieille famille noble de Bourgogne, fils d'un ancien capitaine au régiment de Hainaut, retiré du service depuis 1763, Auguste-Frédéric-Louis Viesse de Marmont avait été remarqué au siège de Toulon par Bonaparte ; aussi quand celui-ci fut nommé général en chef de l'armée de l'Intérieur, il se souvint du jeune officier et le prit comme aide de camp. Depuis, Bonaparte lui avait toujours témoigné la plus sincère affection, et c'était pour lui en donner une preuve qu'il l'avait envoyé à Paris présenter au Directoire les drapeaux pris à l'ennemi.

La cérémonie eut lieu avec solennité le 1er octobre 1796. Marmont arriva dans la voiture du ministre de la guerre Pétiet, escorté de vingt-deux officiers de la garnison portant les trophées ; le ministre présenta le jeune officier, qui adressa aux Directeurs un discours dans lequel il rappelait les hauts faits de l'armée d'Italie ; le président du Directoire Larevellière-Lépeaux répondit en ces termes : « Plus rapide que la Renommée, l'armée d'Italie vole de triomphes en triomphes. Par elle, chaque jour est marqué d'un succès éclatant. Tant de faits héroïques, tant d'heureux résultats l'ont rendue également chère aux amants de la gloire, et aux amis de l'humanité, car si ses victoires ont honoré à jamais les armes françaises, elles doivent aussi forcer nos ennemis à la paix. Grâces soient donc rendues à la brave armée d'Italie et au génie supérieur qui la dirige. Le Directoire exécutif au nom de la République française reçoit avec la plus vive satisfaction les trophées qui attestent tant d'actions étonnantes ; il vous charge de porter à vos braves frères d'armes les témoignages de la reconnaissance nationale. Et vous, jeune guerrier, dont le général atteste la bonne conduite et le courage, recevez ces armes comme une marque de l'estime du Directoire, et n'oubliez jamais qu'il est tout aussi glorieux de les faire servir au dedans pour le maintien de notre constitution républicaine que de les employer à anéantir ses ennemis extérieurs, car le règne des lois n'est pas moins nécessaire au maintien des Républiques que l'éclat de la victoire. » En achevant ces paroles, Larevellière remit à Marmont une paire de pistolets, lui annonça sa nomination au grade de colonel et lui donna l'accolade.

Marmont était le héros de la journée ; et quand, dans cette soirée du 1er octobre 1796, il fit son entrée chez Perregaux, dans ce cadre enchanteur, témoin du goût de la Guimard, où plus de trois cents femmes étincelantes de bijoux et ravissantes de beauté évoquaient la grâce et l'élégance, bien des regards se fixèrent avec une curiosité sympathique sur l'aide de camp de Bonaparte, bien des cœurs battirent pour le jeune officier, qui semblait nimbé d'une auréole de gloire. Hortense Perregaux dansa avec ce charmant cavalier, et pensa que c'était bien là le mari le plus aimable et le plus séduisant que l'on pût rencontrer.

Cependant Marmont, à qui Bonaparte avait recommandé de rejoindre l'armée sans tarder, quittait bientôt Paris, laissant la jeune fille amoureuse et rêveuse.

Perregaux devina rapidement les sentiments de sa fille, mais il pensa que ce n'était là qu'une amourette romanesque, et qu'il était temps de choisir un gendre susceptible de mener sa maison de banque ; l'abbé Morellet fut même chargé des négociations relatives à ces projets de mariage, et le 13 décembre 1796, il écrivait au banquier :

« Je reçois, monsieur, ce matin un petit mot de Mme de Simiane, partant pour Saint-Germain, par lequel elle me mande qu'elle a reçu de Mme de Ségur, les renseignements les plus satisfaisants sur le jeune homme que vous avez tant d'intérêt à bien connaître. Je m'empresse de vous faire part de cette nouvelle confirmation des idées qu'on vous en avait déjà données. Vous en ferez usage en bon père de famille et de mon côté je me féliciterai d'avoir eu cette petite occasion de vous montrer, par mon zèle inquisiteur, tout l'intérêt que m'inspire votre aimable fille et tout le désir que j'aurais de vous servir. Je vous salue très humblement et de tout mon cœur.

« Ce mardi.

« MORELLET. »

Mais ce mari ne plut sans doute pas à la jeune fille, car elle n'en voulut pas entendre parler. Musset n'a-t-il pas dit :

C'est dans les nuits d'été, sur une mince échelle,
Une épée à la main, un manteau sur les yeux,
Qu'une enfant de quinze ans rêve ses amoureux.
Avant de se montrer, il faut leur apparaître.
Le père ouvre la porte au matériel époux,
Mais toujours l'idéal entre par la fenêtre.

Perregaux essaya de lutter contre ce qu'il considérait comme un caprice, mais la jeune fille écrivit alors à son père cette lettre éplorée, le 23 mai 1797 :

« Il est dur sans doute d'être obligée d'avoir recours à ce moyen pour m'expliquer avec mon père, mais puisque vous vous refusez à vouloir rien entendre, rien écouter en ma faveur, je crois pouvoir me permettre de l'employer pour vous faire part de mes sentiments et de ma résolution. Dans un temps plus heureux où tout semblait me répondre de votre tendresse et de vos bontés pour moi, vous m'aviez fait espérer de trouver le bonheur où mon cœur me l'indiquerait et (c'est le seul tort que vous puissiez me reprocher) je me suis livrée sans crainte à ma sensibilité, je me suis attachée à un homme (noirci dans votre esprit mais digne de votre estime), espérant voir mon choix approuvé par vous ; aujourd'hui, changeant tout à coup de sentiments à mon égard, vous voulez que je renonce à mon bonheur sans réfléchir à ce qu'il va m'en coûter pour un tel sacrifice : vous motivez votre refus, vous l'accusez, mais il lui serait facile de se disculper auprès de vous si vous vouliez l'entendre ; votre cœur se ferme à tous sentiments, vous exigez de votre fille le sacrifice le plus pénible à son cœur, et vous ne voulez rien faire pour elle, vous la privez de toute espèce de consolation ; il ne lui reste pas même une amie, encore l'avez vous contrainte à ne me plus recevoir ; votre rigueur peut aller plus loin, je l'ignore, mais elle serait inutile, car elle ne me rendrait pas plus malheureuse que je ne le suis. Vous me forcez à détruire les plus chers sentiments de mon cœur, que me reste-t-il à présent ? à gémir dans le silence sans avoir même quelqu'un qui puisse me consoler.

« Vous avez expliqué à d'autres vos intentions et vous paraissez décidé à ne pas consentir à me rendre heureuse, vous êtes mon père et vous avez le droit de disposer de moi ; je ne ferai donc plus aucune tentative ; mais en même temps, je suis bien décidée moi, à ne jamais épouser aucune autre personne que l'on puisse me proposer. Les droits que vous avez sur moi ne peuvent s'étendre jusqu'à commander à mon cœur ; il s'est malheureusement donné à un être qui aurait pu faire mon bonheur. Puisque vous n'y voulez pas consentir, je me soumets à votre volonté et je fais au devoir le sacrifice entier de mon existence ; il m'en coûtera plus que la vie en vous déplaisant, mais ma résolution est inébranlable ; elle vous étonne sans doute et je veux vous en expliquer les motifs pour que vous ne croyiez pas que l'entêtement ou un caprice passager en soit le fondement ; la seule chose que j'aie jamais ambitionnée a été de trouver la satisfaction et le bonheur avec un époux de mon choix et de me conserver toujours l'attachement de mon père ; aucun calcul d'intérêt n'est jamais entré dans ma tête, parce que je crois que la richesse ne fait point le bonheur ; elle peut y contribuer et je le crois, mais elle n'en est pas la seule cause ; ce ne sera jamais un mariage de fortune que je ferai ; je ne puis espérer non plus en faire un d'inclination, ce que je souffre à présent me sera un sûr préservatif pour ne plus m'exposer à de nouveaux chagrins et je n'ai point de raison pour croire que vous voudrez m'accorder, dans un autre temps et pour une autre personne à laquelle peut-être je pourrais m'attacher, ce que vous me refusez aujourd'hui. Vous ayant ouvert mon cœur, ce qui, j'ose l'espérer, ne pourra vous déplaire, puisque vous y voyez la résolution où je suis de ne rien faire contre votre volonté, je me flatte que satisfait de ma soumission, vous bornerez votre sévérité au point où elle est et que même sans vouloir revenir sur les privations que vous avez jugé à propos de me faire éprouver, la seule chose que je vous demande est de ne point m'éloigner de vous. Si votre projet était de me faire aller ailleurs, je le refuserais et m'aiderais de toutes mes instances et prières pour m'y soustraire ; je suis déjà assez isolée ici, n'ayant plus d'amis à voir, sans aller m'enterrer dans un lieu qui ne ferait qu'ajouter à mon chagrin sans le diminuer.

« Si dans le courant de cette lettre, la vivacité de quelques-unes de mes expressions vous a déplu, n'y voyez que l'expression du chagrin dans lequel est mon cœur, car mon intention n'est point de manquer au respect que je vous dois. Si votre âme n'est pas étrangère au sentiment qu'une fille est toujours dans le droit de réclamer de son père, je puis vous rappeler qu'il fut un temps où l'idée de me rendre heureuse vous occupait tout entière, et que mon affreuse situation ne peut que me donner de nouveaux droits à votre tendresse, et vous ne m'en voudrez pas d'avoir laissé naître un sentiment qui ne peut plus que me rendre malheureuse : votre pauvre fille en est la victime, et les maux qui l'accablent, la faisant succomber, vous débarrasseront bientôt de votre enfant avant d'avoir mérité son malheur, mais sans cesser d'être digne d'un père qu'elle chérira jusque et par delà la vie. Ah ! mon père, mon père, prenez pitié de votre malheureuse enfant, il en est encore temps. Mais plutôt mourir que changer. »

Perregaux se laissa toucher par les supplications de sa fille et lui promit de lui laisser épouser le fiancé de son choix.

Marmont avait rejoint l'armée d'Italie, sans se douter de l'ardent amour qu'il avait éveillé dans le cœur de la jeune fille. Il menait même fort joyeuse vie et venait de commettre une escapade qui eût pu lui coûter cher : chargé de porter des dépêches à Bonaparte, il s'était arrêté à Milan où il avait oublié sa mission dans les bras d'une charmante Italienne et était arrivé au quartier général avec vingt-quatre heures de retard ; Bonaparte, qui ne plaisantait pas sur le service, le reçut avec une violente colère ; mais en raison de la grande amitié qu'il avait pour son aide de camp, il lui pardonna.

Pendant cette campagne d'Italie, Marmont se distingua aux côtés de son chef à Arcole, à Rivoli, à Tagliamento ; il était alors plein d'enthousiasme[1], comme on peut en juger par les lettres qu'il adressait à ses parents :

Au quartier général de Milan, le 15 floréal an V de la République une et indivisible.

« Nous sommes de retour à Milan, mon tendre père, où nous goûtons quelques instants le repos. L'armée d'Italie a donc terminé son illustre carrière et fini d'immortels travaux ; il sera permis à un fils de consacrer quelques jours à ses bons parents et le sentiment de ses devoirs ne sera plus en opposition avec celui de ses plus chères pensées.

« La Lombardie libre offre un spectacle bien satisfaisant ; il eût été bien affreux que la France pût l'abandonner. Le génie de la Liberté a protégé cette république naissante et elle prospérera, si la nôtre ne périt pas par les déchirements qu'elle éprouvera sans doute encore.

« Nous sommes vivement affectés du mauvais choix qui vient d'être fait presque partout ; serions-nous donc encore destinés à voir de nouvelles révolutions ? Les nouveaux représentants seraient-ils assez perfides pour vouloir ébranler notre gouvernement ? Nous serons là, nous autres, qui avons tout sacrifié pour la cause de la liberté, et nous saurons encore la défendre.

1. A cette époque pour sceller ses lettres, Marmont se servait d'un cachet représentant des couronnes de chêne et de laurier avec cette devise : « Je veux les mériter ».

Adieu, mon tendre père, recevez les assurances de mon tendre respect, ainsi que ma tendre mère, ma chère tante et mes aimables cousines.

« MARMONT. »

Milan, le 4 thermidor (5e année).

« Je vous ai écrit ma dernière lettre, ma tendre mère, au moment où je partais pour faire le tour de l'armée ; aujourd'hui que je suis de retour, je suis encore au moment de partir. Nous allons tous à Udine où le général va suivre les négociations qui sont entamées ; vous avez dû voir la proclamation du général en chef relative aux circonstances présentes. Elle est frappée au bon coin ; nous sommes vivement affectés de tout ce qui se passe en France et si la contre-révolution s'y achève, si après avoir servi son pays, il n'est plus habitable, quelle doit être notre destinée ! Il appartiendra sans doute à l'armée d'Italie de sauver encore la République.

« Chaque jour ajoute à mon admiration pour le général Bonaparte. Si vous étiez à même de voir comme moi la grandeur et la sûreté de ses plans, la beauté de son âme, vous auriez peine à le concevoir. Je ne crois pas qu'il puisse exister un homme qui lui soit comparable.

« Aussitôt que nous serons arrivés à Udine, je vous écrirai. Vous avez dû avoir la visite d'un de mes camarades qui a dû s'acquitter d'une commission dont je l'avais chargé pour vous.

« J'embrasse mon tendre père et le prie ainsi que vous de recevoir les témoignages de mon respectueux attachement.

« J'embrasse ma tante et mes cousines.

« MARMONT. »

A Rastadt, le 6 frimaire (6e année).

« Nous sommes arrivés ici hier, ma tendre mère, après un voyage de huit jours ; nous avons traversé toute la Suisse ; j'ai vu avec intérêt ce beau pays et je désire que les circonstances me mettent à même de le voir plus en détail dans une saison plus douce.

« Il serait difficile de vous donner une idée vraie de l'accueil flatteur que le général Bonaparte a reçu dans toutes les villes où il a passé. Rien ne peut peindre l'enthousiasme que sa vue a fait naître. Nous sommes arrivés à Chambéry à 8 heures du soir ; vingt mille âmes étaient à une demi-lieue de la ville à notre rencontre. Tous les corps constitués, dont les autorités, sont venus recevoir le général. Cent coups de canon, une illumination générale ont montré l'allégresse ; on avait élevé à la porte de la ville un fort bel arc de triomphe et toutes les maisons correspondantes des deux côtés de rues que nous avons traversées étaient unies par des guirlandes de laurier et d'olives. Chaque maison avait devant elle un arbre vert auquel des guirlandes et des couronnes étaient attachées. Chaque maison avait devant son front une devise en transparent, toutes extrêmement flatteuses. J'en ai remarqué deux ; l'une : *Il m'a rendu à la lumière* ; l'autre : *Que mes enfants le bénissent dans les siècles les plus reculés.*

« Ajoutez à cela les cris de : *Vive Bonaparte ! Vive le sauveur de la République !* et vous aurez une idée de l'emploi du temps que nous avons passé à Chambéry.

« Nous avons eu des fêtes semblables à Annecy, Andilly et tous les villages du département du Mont-Blanc.

« A Genève, l'expression de l'enthousiasme a été encore plus forte s'il est possible. Tous les habitants de la ville du territoire et 10.000 étrangers étaient rassemblés pour voir et applaudir l'homme étonnant qui a fait deux grandes choses, le grand homme qui a couvert d'un nouveau lustre le nom français et qui a donné à la République la puissance et la considération dont elle jouit.

« Nous sommes arrivés à Lausanne à trois heures du matin ; eh bien ! quoique l'heure eut dû diminuer le nombre des spectateurs, il n'y en a pas eu moins grand nombre, ni moins d'enthousiasme.

« Berne, Bâle, Soleure et toutes les villes et

tous les villages se sont disputé l'honneur d'accueillir avec le plus de transport de reconnaissance et d'admiration le grand homme de notre siècle.

« Nous avons fait notre voyage avec assez de rapidité, quoique nous ayons été un peu retardés par les fêtes qui nous ont été données ; nous sommes venus de Milan ici sans nous coucher.

« Nous resterons ici au moins, je le présume, environ un mois. Nous irons de là à Paris, et dès que je pourrai, ma tendre mère, disposer d'un moment, je vous le consacrerai avec un bien grand plaisir.

« Adieu, ma tendre mère, je vous embrasse ainsi que mon tendre père et mes aimables cousines.

« Votre fils.

« MARMONT. »

Par ces lettres, on peut voir qu'à cette époque, Marmont avait la plus grande admiration pour Bonaparte. Celui-ci avait offert à son aide de camp la main de sa sœur Pauline, alors âgée de seize ans, mais le jeune officier avait refusé.

Rentré à Paris et reçu par Gumpelzhaimer qui s'était chargé de seconder les vues de Mlle Perregaux, Marmont revit la jeune fille et en devint éperdument amoureux. Elle était d'ailleurs une des plus gracieuses personnes de la société parisienne ; lors du grand événement qui révolutionna la capitale en 1797, l'arrivée de l'ambassadeur ottoman à Paris, elle avait figuré parmi les plus jolies femmes présentées à ce noble seigneur ; voici comment un des journaux les plus spirituels du Directoire, *le Thé*, raconte la chose dans son numéro du 2 août 1797 :

« M. l'ambassadeur ottoman reçoit chaque jour les témoignages de la galanterie française. Nos femmes surtout s'empressent de soutenir à ses yeux la réputation de beauté dont elles jouissent à tant de titres. La consigne donnée contre le nez à la Roxelane ayant été levée d'après les très humbles remontrances de MM. de Talleyrand-Périgord, ministre des affaires étrangères, et de Châteauneuf, son adjoint dans cette tâche, elles ont été admises indistinctement à l'audience d'Esseid Effendi. Celles qui ont le plus fixé l'attention de Son Excellence sont :

« Mme de Noailles.
« Mme de Fleurieu.
« Mme Tallien.
« Mme de Léchaudé (suspecte, nez retroussé).
« Mme de Gervaiso.
« Mme de Lansalle.
« Mlle Perregaux.
« Mme Delor (suspecte, nez retroussé).
« Mme de Chauvelin.
« Mme Capon.
« Mlle de Mascaraille (suspecte, nez retroussé).

« M. l'ambassadeur leur a fait distribuer des

pastilles odorantes du sérail, des essences de rose, des sachets bénis par le muphti et leur a dit dans notre langue : jolies, aimables, charmantes ; quand il en saura davantage, il ajoutera adorables et, certes, parmi les femmes que nous venons de citer, il n'y en a pas une qui n'eût vu tomber à genoux le grand prophète lui-même. »

Marmont fit donc sa cour à la charmante Hortense Perregaux, et le banquier, conquis par l'intelligence et l'esprit du jeune officier, fiança les deux jeunes gens.

Ces projets de mariage inquiétèrent fort Laffitte qui dans une longue lettre à son patron en date du 26 décembre 1797 (publiée dans l'Amateur d'autographes, 1862, page 73) s'exprimait ainsi : « ... Si vous ne pensiez plus que je fusse capable de vous seconder, si par le mariage de votre fille, vous vouliez, comme je le crains, vous donner un autre associé qui m'empêchat de le devenir, si vous étiez décidé à me laisser sans titre ni caractère, au rôle insignifiant et peu utile que je joue, vous sentez que cela ne pourrait convenir ni à vous, ni à moi ; parce que je tiens par dessus tout à avoir un état que j'ai déjà manqué bien des fois et qu'en outre je serais un commis qui serait payé beaucoup trop cher. Alors, Monsieur, quoique contrarié dans mes inclinations, vous pourriez vous assurer des droits à ma reconnaissance en me faisant trouver ailleurs les avantages que je ne pourrais plus avoir chez vous... »

Laffitte resta chez Perregaux qui le prit comme associé en 1800 et lui céda sa maison de banque en 1806 en le désignant comme son exécuteur testamentaire.

Ce fut le 12 avril 1798 que Marmont épousa Mlle Perregaux. Tous les journaux du temps publièrent des articles dans lesquels ils adressaient leurs vœux aux jeunes époux ; voici notamment ce qu'on lisait dans le numéro du *Bien-Informé* du 27 germinal an VI : « Le citoyen Marmont, aide de camp du général Bonaparte, vient d'épouser la fille du banquier Perregaux. O mariages samnites ! »

Une seule gazette, *la Clef du Cabinet des Souverains,* laissait percer une note discordante : « Tous les journaux nous ont appris le mariage du citoyen Marmont, aide-de-camp de Bonaparte, avec la citoyenne Perregaux. Nous sommes persuadés que les deux époux sont fort aimables, mais nous ne croyons pas que la publicité donnée à leur union fût nécessaire à leur bonheur. Dans l'ancien régime, on annonçait ainsi certains mariages ; aujourd'hui, nous avons des choses plus intéressantes à publier. »

Bonaparte avait voulu donner une preuve de son affection à son aide-de-camp en lui constituant une dot de 500.000 francs ; c'était un présent d'autant plus généreux que le futur Empereur ne possédait alors qu'un million.

Quant à la jeune femme elle apportait un million en dot à son mari.

Les jeunes mariés semblaient appelés à goûter un bonheur parfait. D'un physique agréable, élancé, portant bien l'uniforme, Marmont joignait à ces qualités physiques une intelligence de premier ordre, un esprit brillant et vif, une conversation attrayante. Quant à sa jeune femme, elle n'était pas seulement jolie et gracieuse ; elle était en outre gaie et rieuse, mêlant à un esprit primesautier et pétillant un grain de moquerie et de taquinerie. Tout semblait donc devoir sourire à ce couple charmant qui entrait dans la vie, l'espérance dans le cœur et des paroles d'amour sur les lèvres.

———

CHAPITRE V[1]

LE JEUNE MÉNAGE

Aussitôt le mariage célébré, Marmont résolut de profiter des courts loisirs que lui laissait Bonaparte, pour aller avec sa jeune femme goûter les douceurs de la lune de miel à Châtillon-sur-Seine.

Depuis de longues années déjà, les parents de Marmont habitaient cette petite ville de Bourgogne ; le père, ancien capitaine au régiment de Hainaut, s'y était retiré en 1763, date à laquelle il avait quitté le service. Le milieu dans lequel allait se trouver la jeune femme était un peu rigide et trop enfermé dans les habitudes de province : aussi Hortense Marmont laisse-t-elle plus d'une fois apparaître dans les lettres qu'elle

1. *Sources manuscrites :*

1° Papiers de la duchesse de Raguse.

2° Archives de la Bibliothèque de Châtillon-sur-Seine : papiers du maréchal Marmont.

Sources imprimées :

1° Mémoires du duc de Raguse.

2° Barras : Mémoires publiés par G. Duruy. Paris (Hachette) 1895-96.

3° Carnet historique et littéraire. Année 1899.

adresse à son père, le peu de charme que la vie de province présente à ses yeux.

Châtillon, ce 1er mai 1798.

« Je m'empresse mon cher papa de te consacrer le premier instant que je puis dérober aux habitants de ces lieux ; ma plus douce occupation a été d'y penser à toi et mon premier soin est de te le prouver en te donnant promptement de mes nouvelles et en te renouvelant les expressions de mon tendre attachement. Le souvenir de ton amour, de tes bontés me suit toujours et ajoute continuellement au regret si vif que j'ai éprouvé en te quittant ; les parents que j'ai trouvés ici, quoique remplis d'attention pour moi, ne peuvent compenser l'éloignement qui existe à présent entre nous, et aucun ne remplit dans mon cœur la place de celui si cher à qui j'ai voué toutes mes affections et pour qui je suis pénétrée de reconnaissance.

« Nous sommes arrivés dimanche sur les deux heures sans aucun accident, fort incommodés seulement de la chaleur et de la poussière, et moi enchantée d'être délivrée des mauvais chemins et des cahots qui m'ont fait trembler et pâlir plus d'une fois ; tu sais de qui j'ai hérité un certain degré de poltronnerie et mon militaire n'est pas encore venu à bout de m'inspirer sa bravoure ; il a mieux réussi par exemple à me faire trouver la route courte, par le soin qu'il a mis à m'amuser et me distraire. Son amour et ses soins m'ont été d'un grand secours après t'avoir quitté. Aussi n'a-t-il rien épargné pour me les prodiguer, et j'ai eu plaisir à lui témoigner combien j'y étais sensible, j'en reviens toujours à mon refrain : *on n'est pas plus aimable.* En arrivant ici, nous avons été fort bien accueillis comme tu penses. Ma belle-mère qui attendait son fils depuis si longtemps a été fort attendrie en le revoyant ; ses cousines aussi ont bien marqué combien il était désiré ; c'est bien une chose qui prouve en sa faveur que la manière dont il est aimé et même considéré dans sa famille ; mais une chose fort comique, c'est l'empressement qu'il y avait sur la route depuis Troyes. Nous étions je ne sais comment annoncés, et partout depuis là on courait après les postillons pour leur demander si c'était M. Marmont et dans tous les villages on courait après nous pour nous voir et lorsque nous changions de chevaux les habitants entouraient notre voiture et les propos d'aller leur train ; tantôt j'étais la sœur de Buonaparte [1], et lui, avait bien mérité de la patrie ; enfin nous étions courus et salués comme jadis un grand seigneur allant dans ses terres. Dans la grande ville de Châtillon, tous les habitants étaient aux portes de la ville et nous ont suivis jusqu'à celle du châ-

1. On a vu plus haut qu'il avait été question du mariage de Marmont avec Pauline Bonaparte ; de là sans doute la confusion produite dans l'esprit populaire.

teau[1] ; enfin tu sauras que je fais grand bruit dans le pays, ce qui m'ennuie fort, car je suis regardée et observée d'une manière fatigante. Et les galas donc je les oubliais, c'est assommant ! trois heures de suite à des dîners où on parle de la pluie et du beau temps. Il faut bien que tu me pardonnes cette petite sortie-là, mais en vérité je ne me sens pas du tout de disposition à devenir dame de province ; tu ne te fais pas d'idée du ridicule de toutes ces femmes, mais j'ai pris mon grand sérieux et à force de politesse j'ai grandement réussi. J'ai vu ma tante la dévote qui est, ma foi, une fort bonne femme, elle m'adore déjà parce que je me suis mariée à l'église, que j'ai été au couvent et que je n'ai pas apporté de diamants. Ma belle-mère me fait beaucoup d'honnêtetés et même de caresses, mais elle est un peu guindée ; nous nous arrangerons cependant bien ensemble parce que j'y mettrai mes soins. Le papa s'est un peu déridé, j'ai par exemple le talent de lui plaire bien complètement. Au total mon mari est bien ce qu'il y a de mieux dans sa famille, et tu le croiras sans peine ; ses deux cousines sont fort aimables, une entre autres. Je ne t'en dirai pas davantage au-

1. Le château de Châtillon-sur-Seine habité par les parents de Marmont et ensuite par le maréchal, a été incendié pendant la guerre de 1870, et le château actuel n'y ressemble nullement. Le château de Marmont, d'allure bourgeoise, se composait de deux grands corps de bâtiments reliés par une façade avec fronton surmonté d'un léger campanile et au centre de laquelle s'ouvrait un large passage donnant accès à la cour intérieure.

jourd'hui, parce que je ne veux pas laisser partir la poste sans lettre pour toi, et je ne puis continuer, attendu qu'un grand gala chez ma chère tante m'oblige à aller m'habiller pour être rendue à deux heures, c'est le *nec plus ultra* dans la ville pour dîner tard. — A ma première lettre je te réserve la description du château dont je ne t'ai pas encore parlé et celle-là sera d'un certain genre et te fera plaisir.

« Marmont avait projeté de t'écrire, mais il a tant de devoirs de famille à remplir qu'il est obligé de remettre sa lettre au prochain courrier, il me charge en attendant de te faire mille compliments et amitiés. — Dis-en autant de ma part au Compère[1] et à Reigbourg, j'écrirai à l'un et à l'autre incessamment.

« Adieu, mon cher papa, reçois mes embrassements et sois toujours sûr du cœur de ta fille.

« H. P. MARMONT. »

« Châtillon, ce samedi 16 floréal.

« L'homme qui te remettra ce billet, mon cher papa, est une espèce de roulier qui me propose d'apporter ici mon piano, en cas que tu ne l'eus pas déjà fait partir ; tu voudras bien faire ton prix avec lui, pour le transport à tant par livre

1. C'est Gumpelzhaimer, l'associé de Perregaux, que madame de Raguse appelle *le Compère*, sans doute parce qu'elle avait été marraine avec lui.

et tu pourras t'assurer d'avance combien la caisse et ce qu'elle contient pèsent.

« Je t'envoie mille baisers.

« P. Marmont. »

Marmont écrit de son côté à son beau-père la charmante lettre que voici :

Châtillon-sur-Seine le 14 floréal (6e année).

« Veuillez bien Monsieur, recevoir avec les témoignages de mon respectueux attachement, ceux de tous mes regrets de n'avoir pas encore pu vous en offrir les assurances ; j'ai été tellement occupé par des devoirs de famille depuis mon arrivée ici qu'il m'a été impossible de trouver un moment pour me rappeler à votre souvenir. Nous avons fait, Monsieur, un bon et heureux voyage. Ma femme vous en a sans doute donné les détails. Elle a été souffrante le jour de son départ, elle s'est remise ensuite et a bien supporté la fatigue du reste de la route. Elle se porte bien aujourd'hui et serait je le présume, fort contente, si elle n'était séparée de vous. Elle vous a voué, Monsieur, la plus tendre reconnaissance. Le sentiment vif qui l'unit à vous s'établit par la connaissance parfaite des obligations qu'elle a contracté envers vous, de vos bontés et de votre amour pour elle. Ce sentiment, le gage le plus pur de la bonté de son cœur et de la beauté de son âme, l'embellit à mes yeux. J'apprécie plus que jamais tout ce que vaut Hortense ; et chaque jour, Monsieur, je vois accroître et mon amour pour elle et ma reconnaissance pour vous.

« J'ignore encore ce que je deviendrai. L'histoire de Vienne semble traîner en longueur et il est possible que les projets du général Bonaparte ne soient pas mis à exécution. Alors j'apprécierais bien le bonheur de ne pas être éloigné de ma charmante femme. J'attends cependant le résultat de tout ceci : peut-être mes devoirs ne seront-ils pas en opposition avec mes désirs et j'aurai dans ce cas un double plaisir à les remplir, surtout s'ils me rapprochent de vous, Monsieur, et qu'ils me procurent l'avantage de vous réitérer encore de vive voix les assurances du tendre respect et de la vive reconnaissance que je vous ai voué pour la vie.

« MARMONT ».

Quelques jours après, la jeune mariée écrit :

Châtillon, ce 18 floréal.

« Voici une lettre, mon cher papa, que je te prie de vouloir bien faire partir tout de suite, mais avant tu voudras bien prendre dans l'armoire où j'ai laissé des effets le paquet des robes pour Mme de Bloest, en couper un échantillon de chaque et les mettre dans une enveloppe avec la lettre que je t'envoie ; la dernière que je lui écrivis fut remise par moi au Compère en le priant de la mettre à la poste, il paraît qu'elle est perdue, car elle n'est pas encore parvenue ; j'en suis d'autant plus fâchée que je cours grand risque par ce retard de garder les robes. Envoie donc celle-ci le plutôt possible, informe-toi aussi du Compère si ma lettre est partie dans son temps, elle contenait justement les échantillons qu'elle m'a demandés depuis un mois, c'est pourquoi il est urgent qu'elle en reçoive d'autres promptement. Je ne puis croire que ce soit l'adresse qui ait été mal mise, car elle m'a dit d'adresser mes lettres chez son père à Rastadt et j'ai mis la mienne telle que tu la vois ; dans tous les cas en mettant une enveloppe, tu verras s'il y a autre chose à ajouter.

« Je t'embrasse.

« P. Marmont. »

Châtillon, ce 18 floréal.

« Tu recevras, mon cher papa, par le courrier de la malle de Dijon, un chevreuil et une bourriche d'écrevisses que Marmont et moi t'envoyons ; je souhaite que l'un et l'autre arrivent en bon état. Si par hasard le courrier n'avait pas fait remettre ces objets chez toi mercredi qui est le jour où il doit arriver à Paris, tu n'aurais alors qu'à les faire chercher à la diligence de

Châtillon, jeudi soir ou vendredi matin, parce que ce serait elle qui en serait chargée dans le cas où le courrier n'aurait pu l'être. Je ne t'en dis pas davantage car je suis malade, Marmont vient de partir et j'ai le cœur navré. Adieu, pense toujours à moi.

« P. MARMONT. »

Marmont ne devait pas goûter plus longtemps les douceurs de la lune de miel ; l'expédition d'Egypte se préparait et Bonaparte le demandait auprès de lui. La jeune femme restait donc seule à Châtillon-sur-Seine avec les parents de son mari ; le temps lui semblait bien long, à en juger par les lettres qu'elle écrivait à son père.

Châtillon, ce 24 floréal (6e année).

J'ai reçu, mon cher papa, tes deux lettres des 19 et 21 ainsi que celle pour mon mari et le paquet de la diligence. J'ai fait partir la lettre, mais, quant à la redingote, elle est arrivée trop tard, et je serai obligée de la garder pour la lui porter moi-même si je vais le joindre. J'en suis fâchée, car il me paraissait désirer ce manteau et que je ne vois pas de moyen de le lui faire expédier à Toulon avant cet embarquement : cet envoi ne pourrait avoir lieu que dans le cas où il serait retardé. — Je te remercie bien d'avoir fait aussi promptement ma commission pour Rastadt, je te prie encore, aussitôt qu'il viendra une lettre pour moi, de me la faire passer promptement. Donne-moi, je te prie, quelques nouvelles de mon piano, je t'en avais déjà demandé et tu ne m'as pas répondu là-dessus ; je t'ai adressé un homme qui me l'apporterait en cas que tu n'en eusses pas encore trouvé les moyens ; je ne te presse là-dessus que parce qu'il me serait impossible d'en trouver un dans le pays et que d'ailleurs toute ma musique se trouve emballée avec l'instrument. Ce serait une grande ressource pour moi que de l'avoir et un moyen agréable de distraction.

« J'espère que tous nos amis se portent bien. Assure-les de mon souvenir et de mon amitié.

« J'ai écrit à Mme Delamarre. — Lorsque tu verras la jolie voisine, je te charge de l'embrasser pour moi et de présenter mes civilités aux grands-parents.

« Adieu, mon cher papa, je te réitère l'assurance de toute ma tendresse et je t'embrasse comme je t'aime.

« P. Marmont. »

« Rappelle-moi au souvenir du Compère et dis-lui que j'attends de ses nouvelles. »

Châtillon, ce 4 prairial (6e année).

« J'ai reçu hier, mon cher papa, le piano et la caisse contenant le papier et le chocolat ; le tout est arrivé à bon port et je t'en remercie beaucoup. Je suis désolée que les écrevisses soient arrivées gâtées, ce n'est pas ma faute, mais celle de mon beau-père qui m'a soutenu que pour qu'elles arrivent en bon état, il fallait les cuire. Une autre fois je les ferai partir à ma manière ; j'en ai fait demander d'autres dans le pays et j'espère pouvoir t'en envoyer cette semaine. J'ai aussi fait demander des truites, on a assez de peine à s'en procurer et elles sont extrêmement petites ; il y a par exemple un homme ici qui fait des pâtés de truites et d'anguilles, si tu en es tenté dis-le moi et je t'en ferai faire un.

« Je n'ai point encore de nouvelles de l'arrivée de mon mari à Toulon, j'ignore s'ils sont déjà embarqués. J'ai vu dans quelques gazettes des nouvelles qui feraient presque croire que l'embarquement n'aura pas lieu, mais je n'ose m'arrêter à aucune de ces espérances jusqu'à ce que Marmont m'ait écrit. Si tu savais quelque chose de positif sur tout cela, mande-le moi, car l'incertitude où je suis est pénible et je commence à être étonnée de n'avoir pas encore reçu de lettre de lui ; il m'écrivit seulement deux fois en route et sa dernière lettre qui était de Châlons était datée du 10, je me plais à croire que c'est des postes que vient ce retard ; je ne sais pourquoi cette expédition a quelque chose qui m'effraye, je ne serai point tranquille que je ne l'aie rejoint ou qu'il ne soit revenu lui-même. La distance immense qui va s'élever entre nous suffirait seule pour inquiéter ; à présent que je suis loin de lui, loin de toi, que je n'ai le cœur rempli que de séparations et du désir vain de me rapprocher des êtres qui me sont chers, mon âme est plus accessible à la crainte et je n'envisage l'avenir qu'en tremblant ; les parents avec lesquels je vis ne sont pas empressés de me rassurer quoique unis par les mêmes intérêts ; ils ne sont pas sentis l'un pour l'autre, et leurs cœurs et leurs sentiments sont trop froids pour moi pour me faire éprouver ce soulagement qui naît de l'épanchement et que j'aurais pu trouver dans la tendresse seule ; je t'avoue que ce séjour-ci me fatigue à cause de la distance énorme qu'il y a de toi à eux et d'eux à leur fils. La mère est froide et triste, le père avare et égoïste ; il ne peut y avoir de charme dans leur société parce qu'il n'y a pas d'abandon ; tu te rappelles que tout ce que je craignais était une belle-mère, parce que je pressentais d'avance cette contrainte et ce sentiment de gêne et de politique qui nécessairement doit exister entre des gens qui sont seulement alliés par les convenances et qui se trouve substitué à la place des sentiments qu'on éprouve pour ses amis et ses parents naturels ; j'espérais ne jamais l'éprouver et n'avoir qu'à prodiguer les soins et les caresses que mon cœur m'inspirerait. Malheureusement je me vois aujourd'hui forcée à cette contrainte et obligée de montrer des sentiments par calcul et des soins par politique ; mon caractère se refuse souvent à cette dissimulation, et cette étude m'est extrêmement pénible, c'est si loin du plaisir que j'éprouvais à te témoigner les marques d'un attachement qui n'était pas feint, mon cœur se trouvait satisfait d'une expansion qui lui était nécessaire et mettait son bonheur à t'en rendre le dépositaire. — J'abrège autant que je le puis ce temps si difficile à s'écouler, par l'espoir du terme prochain de notre rapprochement, je me dis que cette privation est nécessaire puisque mon père et mon mari l'ont cru utile ; sans vouloir pénétrer ni blâmer leur motif je me contente de m'en affliger.

« Assure Greffulhe de mon amitié et remercie-le de son souvenir, rappelle-moi à celui de tous nos amis.

« Mme Dior ira chez toi pour une commission pour Mme de Bloest, elle te priera aussi de me faire parvenir un paquet par la diligence, je voudrais bien que tu y joignes des cahiers de papiers écrits que tu trouveras dans mon armoire dans un carton et parmi lesquels il y en a d'étude de langue italienne ; pour passer le temps, je veux continuer à m'occuper de cette langue ; j'ai ici les livres qu'il me faut pour cela.

« Adieu, mon cher papa, ta fille te demande avec instance la continuation de cette tendre prédilection que tu lui témoignais. — Dis au Compère que je suis bien fâchée de n'avoir pas reçu sa lettre et que j'écrirai à mon mari pour la réclamer.

« PERREGAUX-MARMONT. »

Châtillon, ce 6 prairial (6e année).

« J'ai enfin reçu hier, mon cher papa, une lettre de mon mari, et comme je suis sûre que tu l'apprendras avec plaisir je me hâte de t'en instruire. Sa lettre est du 24 et il devait s'embarquer le lendemain et mettre ausitôt à la voile. Il est possible qu'il soit de retour dans un mois, peut-être dans deux, mais si à cette époque il n'est pas de retour, c'est que leur résidence sera fixée pour un certain temps dans le pays et alors le Général[1] dépêchera un courrier à sa femme pour lui dire de le venir joindre : elle m'écrira alors de Plombières, où elle va aller, pour me rendre à Paris, elle y viendra aussi, nous ferons route ensemble jusqu'à Toulon, et là une bonne frégate nous attendra et nous irons joindre nos maris[2]. Tel est le plan arrêté avec le Général, sa femme et mon mari, je le préfère au premier qui avait été d'abord formé, qui était de partir avec Mme Blanc ; il y aura plus d'avantage pour moi d'entreprendre un aussi long voyage avec la femme du Général, parce que certainement il ne

1. Bonaparte.

2. « La citoyenne Bonaparte qui s'était, dit-on, d'abord embarquée avec son mari sur le vaisseau l'*Orient* est restée à terre et l'on prétend que le Général l'a assurée qu'il la rejoindrait bientôt. » Clef du Cabinet des Souverains, 9 prairial an VI.

« La citoyenne Bonaparte partage l'immensité de son mari : car les journalistes la placent en même temps à Pise, à Naples, à Lyon, à Plombières, à Toulon sur la seconde escadre ; il n'y a que Dieu qui sache où elle n'est pas. » Clef du Cabinet des Souverains, 29 prairial an VI.

le lui fera faire qu'autant qu'il en verra la possibilité sans inconvénient.

« Tu recevras sans doute bientôt une lettre de Marmont qui t'expliquera plus au long ces projets.

« Adieu, mon cher papa, je t'embrasse bien tendrement, et je finis aujourd'hui plus gaiement que l'autre jour par l'espoir que j'ai d'aller bientôt joindre mon mari.

« P. Marmont. »

Châtillon, ce 8 prairial (6e année).

« J'ai encore reçu une lettre de mon mari, mon cher papa, celle-là était écrite à bord de son vaisseau ; ils étaient embarqués le 24, et le 25 ils avaient mis à la voile. Voici en abrégé la substance de ce qu'il me mande. Sa lettre était commencée le 28 et finie le 29, ainsi ne prends pas garde à la première nouvelle qu'il me mande : *Quelques avis ont annoncé au général Bonaparte la présence d'une escadre Anglaise et il a résolu d'attendre des nouvelles avant de partir avec l'armée et le convoi, et pour en avoir il a fait sortir l'escadre légère dont je fais partie ; nous sommes depuis 4 jours en croisière.* — Voilà ce qu'il écrivait le 28 et ce qui me donna en le lisant beaucoup d'effroi, mais sa lettre écrite en deux fois et terminée le 29 disait : *Ma bonne fortune va probablement me donner le plaisir d'avoir de tes lettres et de faire partir celle-ci ; les frégates inconnues que nous cherchons depuis 2 jours viennent enfin de s'approcher ; au lieu d'Anglaises que nous avions supposé qu'elles pouvaient être, au lieu de préparatifs de combats, ce ne sont que des témoignages d'amitié qu'il nous faut donner à nos alliés les Espagnols. Ils nous donnent à peu près la certitude qu'il n'y a point d'escadre ennemie dans la Méditerranée. Ces nouvelles vont être portées à Toulon et ma lettre aura le même sort.* — Le Général sera sans doute parti tout de suite après cette nouvelle ; j'ai pensé que tu serais anxieux de ces détails et qu'ils t'intéresseraient à cause de moi[1].

« J'ai un service à te demander pour une de mes cousines et si tu peux le lui rendre, tu m'o-

1. Le départ de Toulon avait eu lieu le 19 mai 1798. Marmont était embarqué sur *la Diane*, à bord de laquelle se trouvait l'amiral Decrès, commandant l'escadre légère. Voici ce qu'il écrivait à son ami Bourrienne.

A bord de *la Diane*, le 29 floréal, 6e année.

« Nous avons déjà fait une campagne, mon cher Bourrienne, depuis que je vous ai quitté. J'ai supporté la mer à Marseille, et malgré le gros temps que nous avons eu, je me suis porté comme à terre, à une accroissance d'appétit près. Nous avons rencontré les frégates que nous avons été reconnaître, et comme elles pouvaient être Anglaises, nous avons fait tous les préparatifs du combat ; elles se sont trouvées espagnoles et nous avons remis le sabre dans le fourreau. Faites-moi le plaisir mon cher ami, de faire partir la lettre ci-jointe et de remettre au porteur de la présente celles que vous pouvez avoir reçu pour moi. Je compte, mon cher Bourrienne, bligeras autant qu'elle, car je lui suis bien redevable pour les soins et l'amitié qu'elle me témoigne ; tu trouveras dans le papier ci-joint la substance de ce qu'elle demande : c'est à un de ses frères qui est à New-York qu'elle voudrait écrire et être sûre que sa lettre lui parviendra.

« J'espère que ta santé est bonne et que tes amis et les miens tâchent de me remplacer auprès de toi. Quant à moi je n'ai pas la même consolation et je sens tous les jours la distance qui m'éloigne de toi. Adieu, mon cher papa, je t'embrasse mille fois.

« Hortense. »

Châtillon, ce 26 prairial (6ᵉ année).

« Tu t'avises donc aussi d'être malade ; eh bien ! je trouve cela fort mal, il fallait au moins attendre que je sois auprès de toi pour te frotter le ventre, comme dit Swinburne. Il existe une sympathie bien décidée entre nous et qui opère même à la distance où nous sommes, car tandis

sur votre complaisance et votre amitié ordinaires. Si vous êtes assez aimable pour ne pas m'oublier et pour m'écrire un mot, vous consolerez un malheureux dans son exil, exil cependant aussi agréable que possible, car il n'y a rien de si aimable que le citoyen Decrès et tous les officiers qui sont à bord. Donnez-moi donc quelques nouvelles ; embrassez tous nos camarades pour moi ; rappelez-moi au souvenir du Général, et recevez encore les témoignages de toute l'amitié que je vous ai vouée pour la vie. »

A. Marmont.

que tu grelottais la fièvre je m'administrais force eau chaude. Je ne conçois rien à ce diable de pays, où les vieillards vivent jusqu'à près de cent ans et les jeunes gens sont presque toujours malades. Quant à moi, je sais bien que je ne m'accommode pas du tout de l'air vif qui y règne et il me rend presque toujours malade ; enfin j'attends l'arrivée du Messie pour me délivrer de tous mes maux, et cependant je n'en reçois aucune nouvelle ; c'est bien long, ce silence-là me pèse beaucoup.

« Puisque le compère est avare de poulets, j'ai recours à toi pour te prier de me rendre réponse sur quelque chose que je lui ai demandé : le portrait de mon mari est-il au Salon ? L'exposition a-t-elle eu ou va-t-elle avoir lieu ? Ma belle-mère qui attend avec impatience le portrait de son fils désirerait savoir où tout cela en est parce que le peintre doit l'envoyer ici après l'exposition. Voilà la question que j'avais faite au compère et à laquelle il n'a pas jugé à propos de me répondre ; du reste je ne lui en veux pas puisqu'il m'aime toujours.

« As-tu envie de faire emplette d'excellent vin de Bourgogne première qualité, il y a ici quelqu'un qui en a un muid à vendre, ce qui est la valeur de 240 bouteilles. M. Marmont l'estime parfait ; si tu étais tenté d'en acheter, dis-moi quel prix tu voudrais y mettre et mon beau-père se chargerait de le marchander ; tu peux t'en rapporter à lui pour un bon marché, car que je ne sache pas quelqu'un qui ménage plus l'argent ; il serait possible de t'en faire parvenir un échantillon en cas que tu ne voulus pas t'en fier aux lumières des connaisseurs du pays.

« Puisqu'Eglé [1] est en train de s'ennuyer elle devrait bien venir le faire de moitié avec moi ; je lui saurais gré de venir tâter de l'ennui de ce pays-ci, qui, j'en suis sûre ne le cède en rien à celui qu'elle peut éprouver auprès de ses nobles parents ; il y a de plus nombre de vieux garçons de la taille du général Sauvier, et elle pourrait aisément trouver un parti ; enfin, pour la consoler, fais-lui dire de ma part, qu'il y a parité de situation entre nous et que sans doute quand nous nous reverrons, nous aurons la bouche grandie de moitié, je te laisse à deviner pour quoi... Dis-moi un peu s'il est vrai que tu connaisses une certaine dame De Damas qui se dit très connue de toi et qui prétend aussi m'avoir vue dans mon enfance ; c'est une petite femme bossue très spirituelle et dont le mari a été aux Isles ; tu vas peut-être me dire que je vais te faire des citations de la création du monde, mais ne t'attends pas à des nouvelles plus intéressantes de ma part, l'esprit n'est pas fécond dans ce pays.

« Adieu, car le temps me presse, donne-moi des nouvelles de ta santé. Je t'embrasse bien tendrement.

« H. P. Marmont. »

1. Eglé et Adèle Auguier, nièces de Mme Campan, avaient été élevées à Saint-Germain avec Mme Marmont.

« Mes cousines se confondent en remerciements. Remercie M. De Sandos et Grefulhe de leur souvenir et assure-les de mon amitié.

« Voici, mon cher papa, des lettres par duplicata de ma cousine, qu'elle te prie de vouloir bien envoyer ; je t'en serai aussi bien obligée car je voudrais être à même de rendre quelques services à ces bonnes cousines pour reconnaître leurs soins et leur amitié. Je pense que tu auras reçu ma dernière lettre accompagnée d'un pâté et qu'il t'aura profité, j'ai eu ces jours passés une petite lettre de mon frère[1] qui me parle de son escapade, il appelle cela une petite écartade ; j'ai trouvé le mot si plaisant que je t'en fais part.

« Dis au Compère que je crois qu'il m'a renoncé pour Commère ; il me tient rigueur au point de ne pas répondre à mes poulets ; une autre fois je prierai Eglé d'être mon secrétaire.

« Adieu, mon cher papa, je t'embrasse mille fois. »

H.-P.-M.

« S'il est nécessaire de décacheter les lettres, tu voudras bien les ouvrir, mais ma cousine les a cachetées pour éviter la confusion de plusieurs billets qui s'y trouvent. Mes cousines me grondent de garder le silence sur tous les remercie-ments qu'elles te font. »

1. Alphonse-Claude-Charles-Bernardin Perregaux, né à Paris, le 29 mars 1785, mort le 9 juin 1841, pair des Cent-Jours, épousa en novembre 1813, Adèle-Elisabeth-Macdonald, née en 1794, morte en 1822, le 16 novembre.

Châtillon, ce 3 messidor (6e année).

« J'aurais répondu plus tôt à ta lettre du 29 prairial, mon cher papa, si j'avais pu te donner les renseignements que tu me demandes sur le vin en question, mais quoique je m'en sois occupé tout de suite, mon beau-père n'a pu les avoir, attendu que le possesseur de la susdite futaille est rarement chez lui et qu'on a de la peine à le rencontrer, mais je compte aujourd'hui savoir tous les détails que tu demandes et t'en rendre compte avant de fermer cette lettre. Comme ce n'est pas la seule chose dont j'ai à te parler, passons à d'autres. Tu m'as fait grand plaisir de m'apprendre que ta santé était rétablie, car je n'aimais pas à te savoir malade, moi absente ; aie bien soin de te conserver dans ces dispositions, afin qu'à mon retour je te trouve avec le teint frais et ta bonne figure épanouie. Je n'ai point la moindre nouvelle de mon mari et malgré toute la raison et la philosophie possibles, j'ai bien de la peine à prendre le dessus de l'inquiétude qui me tourmente sans cesse ; cette absence qui ne devait être que de deux mois, prend une tournure bien sérieuse et semble devoir se prolonger bien au delà, puisqu'au bout de plus de six semaines je n'entends parler de rien ; cela est désespérant et la peine que cette séparation me cause est encore accrue par ce silence, elle devient de jour en jour plus douloureuse et plus difficile à supporter : mon oncle Menson, lorsqu'il m'écrivait, avait pour habitude de se consoler de mon silence, par ce proverbe : *Pas de nouvelles, bonnes nouvelles.* Je veux bien y croire pour ma tranquillité, mais comme mon impatience ne s'accommode pas de ce régime, j'ai eu recours à un moyen pour avoir quelques données sur la marche de mon mari ; il m'a réussi jusqu'à un certain point et quoiqu'il ne m'ait pas fait avoir des nouvelles directes de lui, j'en ai eu de l'escadre, postérieures à celles qu'il m'avait données lors de son embarquement : c'est par Mme Blanc ; il y avait d'abord un petit motif de curiosité de ma part, pour savoir si son mari s'était aussi embarqué comme il en avait le projet et l'espérance ; l'espoir du gain et un emploi que lui avait fait avoir mon mari dans une bonne entreprise sont les motifs qui l'ont décidé à suivre le sort de l'expédition et à s'embarquer[1]. Cependant la chose

1. Monsieur Blanc était un négociant de Marseille, très lié avec Marmont qui l'avait présenté à Bonaparte. S'étant ruiné dans des spéculations malheureuses, il crut trouver dans l'expédition d'Egypte une occasion favorable de refaire sa fortune et obtint, grâce à la protection de Marmont, l'emploi d'ordonnateur des lazarets. Quand il vit que l'Egypte ne lui offrait pas les moyens de s'enrichir, il supplia Marmont de l'aider à prendre passage sur un navire, lors du retour de Bonaparte. Déguisé en matelot, il avait réussi à se glisser sur un des trois avisos désignés pour partir avec les frégates ; mais à peine hors du port, ce navire reçut l'ordre de rentrer ; perdant la tête, Blanc se jeta dans une barque et gagna *la Muiron* qui portait le Général en chef. Celui-ci, mis au courant, le menaça d'un conseil de guerre, en disant : « Je pars en

était encore indécise et elle était restée en suspens lors du départ de mon mari, et comme il ne m'en avait pas parlé dans ses lettres, j'ignorais absolument ce qu'était devenu le fin Provençal ; j'eus la curiosité de m'adresser à sa femme pour le savoir, et sous le prétexte d'avoir des nouvelles de mon mari et espérant en effet en avoir par cette voie si ils s'étaient embarqués ensemble, je lui écrivis. L'expédient m'a réussi, elle m'a répondu et m'a dit avoir reçu des nouvelles de son mari, *sur mer en date du 6 prairial, par le travers de la Corse*, où il paraît qu'ils ont relâché ; par un malentendu arrivé au moment de l'embarquement, ils sont chacun sur une frégate différente : lui, M. Blanc est sur *l'Arthémise* et Marmont sur *la Diane* qui est la meilleure voilière de l'escadre. La lettre lui est parvenue le 22 par la petite poste ; il y a à présumer qu'elle est arrivée avec des dépêches du Général au Directoire. Comme mon mari fait partie de l'escadre légère et qu'il est toujours plusieurs lieues en avant, il est possible qu'il ait ignoré qu'on envoyait un aviso à terre, du moins telles sont les conséquences que j'ai tirées des détails qu'elle m'a donnés. J'ai reçu ces jours passés les robes de Lyon et j'ai été étonnée de ne pas trou-

vertu des ordres du gouvernement, pour aller combattre l'ennemi victorieux et secourir la France attaquée ; je m'expose aux plus grands dangers par devoir et par dévouement, tandis que vous, vous n'êtes qu'un lâche. » Blanc pleura et émut Bonaparte qui le renvoya à Alexandrie, mais le nomma, deux mois après, consul général à Naples.

ver les cahiers d'Italien, mais ta lettre du 1er m'a expliqué ce retard ; je te prie, lorsque tu me les enverras, d'y joindre la musique que j'ai demandée à Selvaggi ; je te remercie d'avoir fait partir les effets de Mme De Bloest, car elle doit les attendre depuis longtemps ; je te prie de lui expédier incessamment la lettre que je joins ici ; si l'adresse n'est pas bien, tu voudras bien y ajouter une enveloppe. Tu devrais bien me faire un cadeau pour ma chère belle-mère : elle est dans ce moment-ci dans un état de santé qui exigerait qu'elle prît des vulnéraires ; mais il est difficile de s'en procurer de véritables, et encore moins d'être sûr qu'ils sont bons ; tu pourrais lui rendre ce service-là en en faisant venir de Suisse ; tu l'obligerais beaucoup et tu me mettrais dans le cas de lui faire une honnêteté.

« Tu recevras cette lettre dimanche 24 juin, jour de la saint Jean, jour où l'année dernière tu étais si gai et où nous avons tant ri ; j'étais bien heureuse et bien tranquille alors, je n'avais d'autre soin que celui de te souhaiter gaiement ta fête. Les temps sont bien changés, il ne me reste aujourd'hui que la triste ressource de te faire par écrit un compliment de bonne fête bien rebattu et peu propre à t'inspirer la gaîté qu'avaient produit alors les compliments des poissardes et les facéties de Touzet ; n'importe, comme ce n'est pas la bonne volonté qui me manque, reçois ici tous les vœux que mon cœur forme pour ton bonheur, ta santé, et au lieu de bouquet, recueille les baisers que je t'envoie et que je voudrais pouvoir t'aller donner moi-même. J'écris au Compère malgré ses rigueurs. Si tu vois le maître du jeune Jasmin, tu lui diras des douceurs de ma part, et que, bien heureux sont ceux qui le voient et le possèdent ; que, pour mon compte, j'envie bien leur sort, car il ne faudrait pas moins d'une douzaine de gens gais et aimables comme lui pour rendre ce séjour-ci supportable ; il y fait depuis quelques jours un temps de chien, il n'y a pas moyen de mettre le nez dehors ; mes hôtes n'étant pas les gens du monde les plus récréatifs, je n'ai pour diversion que la triste ressource de promener mes yeux sur les vilaines et antiques tapisseries qui ornent mon immense appartement. Comme je suis promptement rassasiée de cette vue, je me crève les yeux toute la journée à lire et à écrire ; et les bâillements donc ! ils sont de mode ici, car on entend du matin au soir résonner cette agréable musique dans tous les appartements du château, de manière que chacun se répondant cela forme échos. Mon beau-père surtout, nous en gratifie d'une manière indécente. Oh ! l'ennui est un fief attaché à cette maison-ci, car on en est en pleine possession dès qu'on y est ; aussi, si jamais elle venait à m'appartenir, je m'en déferais. Mais brisons là-dessus de peur de te le communiquer, ce qui ne serait pas charitable, et surtout fort déplacé pour un jour de fête.

« Adieu, mon cher papa, voici je l'espère une assez longue lettre ; de ma vie je n'ai tant écrit que depuis que je suis ici. Je t'embrasse comme je t'aime et je ne t'aime pas faiblement.

H.-P. Marmont. »

Châtillon, ce 12 messidor (6e année).

« Grande et bonne nouvelle ! tu partageras ma joie, mon bon père, j'en suis sûre ; je suis heureuse à présent et amplement payée des deux mois de souffrance que j'ai passés loin de toi et de mon mari. J'ai reçu ce matin par un courrier envoyé exprès un énorme paquet de lui ; il m'annonce la prise de Malte[1], il y est entré le premier et il a coopéré pour beaucoup à sa conquête, il est nommé général, il me dit d'aller le joindre à Malte, avec Mme Buonaparte qui part aussi[2]. Je m'occupe de partir pour Paris où je dois la joindre et sous très peu de jours j'aurai le plaisir de t'embrasser. Quelle

1. En deux jours, Bonaparte s'était emparé de l'île de Malte qui avait, jusque là, passé pour imprenable. Le 10 juin 1798, le drapeau français flottait sur les murs de la forteresse et Bonaparte demandait au Directoire le grade de général de brigade pour Marmont qui s'était emparé du drapeau de l'Ordre des Chevaliers de Malte.

2. Il était convenu que Joséphine irait rejoindre son mari dès qu'il aurait conquis l'Egypte ; après la prise de Malte, elle fut sur le point de partir et échangea une correspondance avec Madame Marmont ; mais finalement elle s'effraya à l'idée de ce voyage et renonça à aller retrouver son mari.

joie ! quel bonheur ! tu vas déjà recevoir des félicitations de toutes parts sur ton gendre et sur ses nouveaux succès, car il sera sûrement question de lui dans le rapport du Général ; il est le premier qui soit descendu à terre et enfin il a tout l'honneur de la victoire. Tu vas t'applaudir du choix de ta fille, que pour son bonheur, tu as si bien su diriger ; c'est aujourd'hui plus que jamais qu'elle sent le prix de ta tendresse et des soins constants que tu as pris pour assurer son bonheur ; ma reconnaissance est sans bornes et elle s'accroît à mesure que j'en sens l'étendue. Je ne te donne pas à présent tous les détails de la prise, parce que je n'ai pas le temps de les copier, mais je te les porterai et j'aurai le plaisir de lire moi-même sur ton visage ton contentement des preuves de courage de mon mari ; il est honoré et considéré, à ce que j'apprends, par tous, il n'y a qu'une voix sur son compte et un vœu unanime pour ses succès et son bonheur. Ces détails si flatteurs pour moi ont été recueillis avec transport. Il me presse pour partir, me recommande de ne pas me faire attendre, c'était inutile, car il devait juger de mon empressement par le sien ; il ne manquera à ma satisfaction que de ne pouvoir faire le voyage avec toi. Il m'eut été doux de réunir ainsi tous les objets de mon affection et de partager mes moments entre mon père et mon mari, mais l'espoir d'un prompt retour pour ne plus nous quitter, m'aide à supporter l'idée d'une séparation qui coûte beaucoup à mon cœur.

« Si je n'ai pas de lit chez moi, tu voudras bien, je pense, m'accorder l'hospitalité pendant le peu de jours que je resterai à Paris.

« Adieu, mon cher papa, au plaisir de te revoir et de t'embrasser.

« Madame la générale MARMONT (*sic*).

« Si Riegbourg n'est pas à Paris, ouvre la lettre ci-jointe et fais-moi le plaisir de faire la commission que je lui recommande. »

L'espoir de la jeune femme ne se réalisa pas, car Mme Bonaparte préféra rester en France. Hortense Marmont dut donc à son grand regret renoncer au voyage projeté et attendre à Paris le retour de son mari. Plus d'un an s'écoula ainsi ; Marmont, qui avait pris part à toute la campagne d'Egypte, apprit enfin, non sans plaisir, qu'il rentrait en France avec Bonaparte. Le départ eut lieu le 10 septembre 1799, à cinq heures du matin. Marmont embarqué sur la *Carrère* avec Murat, Lannes, Denon et Parseval-Grandmaison, se montrait enchanté à la pensée de revoir sa femme. « J'avais », dit-il dans ses Mémoires, « des motifs de joie particuliers, j'étais parti fort amoureux ; j'avais emporté avec moi des idées de bonheur domestique, de fidélité, et je revenais digne par l'état de mon cœur et par ma conduite des sentiments les plus tendres. »

Pendant l'absence de son mari, Mme Marmont s'était installée rue de la Chaussée-d'Antin, chez son père, qui était d'ailleurs pour elle un guide excellent ; elle ne cessait de s'adresser à lui et de lui demander conseil même pour mille petits riens : pour régler l'emploi de son temps, pour savoir quelles visites elle devait faire, quelles personnes elle devait recevoir, à quelles réceptions il lui fallait se rendre. Entre dix épîtres du même genre, on verra par la suivante[1] quelle confiance charmante la jeune femme témoignait à Perregaux.

« Voici l'invitation que j'ai trouvée hier au soir en rentrant chez moi. Que me conseilles-tu de faire ? Toutes les personnes qui dînent chez moi le 8 s'y rendront et cela rend une excuse plus difficile à faire. Il paraît qu'on dansera, mais elle ne veut pas qu'on le sache d'avance. Voici à peu près les femmes qui iront : Mme d'Ossmon, Mme Buonaparte, sa fille, Mme Hamelin, Mlle Fiton, sa sœur, Mme Delarue, etc.... Dois-je aller lui faire visite aujourd'hui et que lui dirai-je ? Je m'en rapporte à toi. — Ce que je craindrais le plus en la refusant, serait de lui faire croire que je n'ai fait avec elle qu'un replâtrage normand.

« Adieu, je t'embrasse. »

Aussitôt que Marmont fut de retour à Paris, le jeune ménage alla s'installer faubourg Pois-

1. Cette lettre est du 16 Mars 1799.

sonnière dans un appartement que Fontaine avait été chargé de décorer.

L'amitié de Bonaparte pour Marmont était alors plus vive que jamais, et Barras le constate avec jalousie dans ses Mémoires[1] :

« A son retour d'Egypte, Bonaparte vint chez moi accompagné de Marmont qui semble lui tenir lieu de tout, même de valet de chambre en ces premiers moments, car il en remplit tout à fait l'office envers le général Bonaparte, quand ils vinrent au Luxembourg. Marmont soutient son maître descendant de voiture, il l'aide quand il monte l'escalier, il lui ôte sa redingote quand il entre, la lui remet quand il sort. »

Après le Dix-Huit Brumaire, Bonaparte offrit à Marmont le choix entre le commandement de l'artillerie de la garde des Consuls ou une place de conseiller d'Etat ; Marmont déclare dans ses mémoires qu'il opta pour ce dernier poste, d'abord parce qu'il ne voulait pas être sous les ordres de Lannes, et ensuite parce que le titre de conseiller d'Etat le séduisait. Il n'eut guère le temps d'ailleurs de siéger à la section de la guerre, car il fut presque aussitôt chargé par le premier Consul d'aller négocier en Hollande un emprunt de douze millions pour le compte du gouvernement qui offrait en gage des coupes de bois, et comme supplément le diamant *le Régent*.

1. Barras, Mémoires, t. IV, p. 31.

« Il faut convenir, dit-il, que la manière de procéder était insolite ; j'aurais eu plus de chance de succès si j'étais venu comme gendre de M. Perregaux avec des pouvoirs de lui près de ses correspondants. Le premier Consul apprécia mon zèle et garda toujours rancune aux Hollandais[1]. »

Marmont revint à Paris en hiver, pour repartir de suite prendre part à la campagne d'Italie ; le commandement de l'artillerie de réserve lui était confié. Les lettres qu'il adresse presque toutes les semaines à son beau-père montrent quel ardent amour il avait alors pour sa jeune femme. Le 23 pluviôse an IX, il écrit d'Alexandrie à Perregaux[2] :

« Je recommande toujours à vos soins, à votre sollicitude paternelle ma malheureuse femme. Ses souffrances ajoutent aux miennes et je sens combien notre séparation est cruelle.

« Je pense à elle sans cesse et les jours de bonheur que j'ai passés près d'elle me paraissent un songe. Il ne me reste plus que les traces profondes que son amour et le mien ont faites dans mon cœur.

« J'ose entrevoir dans l'avenir, monsieur, le moment qui me rendra à sa tendresse et à votre amitié. J'attache à l'un et à l'autre le plus grand

1. Marmont, Mémoires, t. II, p. 108.
2. Carnet historique et littéraire. Année 1899, p. 273.

prix. Conservez-moi des biens qui sont aussi chers ; consolez mon Hortense, donnez-lui du courage, accordez-lui vos conseils et préservez sa jeunesse des dangers et des écueils qui l'environnent. Parlez, je vous prie, de ma constance, de ma fidélité et du bonheur réciproque que le retour nous prépare.

« J'omettrai dans cette lettre de vous parler des affaires publiques, parce que je veux tenir la promesse que j'ai faite, et que vous receviez de mes nouvelles. Contentez-vous donc de savoir que je me porte bien.

« N'aurai-je donc pas le bonheur de recevoir des lettres de ma femme ou des vôtres ? Depuis un siècle, j'en suis privé.

« Adieu, Monsieur, veuillez quelquefois penser à moi, et plus souvent encore à mes intérêts les plus chers, à mon Hortense... Je vous offrirai en échange les assurances du plus vif attachement et la plus sincère reconnaissance. »

Le 14 germinal an IX, il s'impatiente de ne pas rentrer en France et prie Perregaux de hâter son retour : « J'ai des intérêts à régler à Châtillon, j'ai mille choses à terminer à Paris, et ce sont des raisons suffisantes à faire valoir. Il me semble, Monsieur, que sans blesser les convenances, votre titre vous donne le droit de lui parler de moi et de lui demander un retour que je désire vivement. Le premier Consul accédera sans doute à ma demande lorsqu'elle lui sera présentée par vous, et s'il vous la refuse, il ne pourra guère se dispenser de vous en dire les motifs[1]. »

En attendant ce retour tant désiré, Marmont se décida à faire venir sa femme auprès de lui ; mais ce ne fut que pour quelques jours, car Bonaparte permit enfin à son ancien aide-de-camp de rentrer à Paris. Les jeunes époux regagnèrent donc ensemble la capitale, mais leur voyage ne s'effectua pas sans incidents. Marmont raconte en ces termes l'accident qui faillit leur arriver[2] :

« Je fis en route une épouvantable chute, mais elle n'eut aucune suite fâcheuse. Je voyageais la nuit entre Turin et Suze dans une grande berline avec ma femme et deux aides-de-camp. Le Piémont étant infesté de brigands, la voiture était remplie d'armes. A deux lieues de Suze, passant sur un pont établi sur le lit d'un torrent, la roue droite enfonça jusqu'au moyeu ; le poids de la caisse fit rompre la roue : la voiture tomba sur l'impériale à sept pieds de profondeur et, dans tout ce fracas, un pistolet partit de lui-même et perça la voiture. Personne n'eut la plus légère blessure. »

Il était dit décidément que Marmont ne pourrait jamais goûter longtemps les douceurs du

1. Carnet historique et littéraire. Année 1899, p. 275.
2. Marmont, Mémoires, t. II, p. 195.

foyer conjugal. Le premier Consul ne se souciait guère de laisser ses généraux se reposer à Paris ; n'avait-il pas déjà répondu à Murat demandant en 1800 un congé à l'occasion des couches de sa femme : « Je n'approuve pas toutes les observations que vous me faites. Un soldat doit rester fidèle à sa femme, mais ne désirer la revoir que lorsqu'il n'y a plus rien à faire. » Or, Bonaparte trouvait qu'il y avait beaucoup à faire, et nommait Marmont, en mars 1804, au commandement de l'armée de Hollande.

A partir de 1804, un changement très sensible se produit dans le caractère de Marmont. L'orgueil, la confiance en soi-même, l'ambition commencent à le dominer, et le ton de ses lettres le dénote bien. A peine arrivé en Hollande, il fait entendre que le général Victor, son prédécesseur, a tout laissé en désordre, et que c'est fort heureux pour l'armée qu'il soit là, lui Marmont, pour tout remettre à sa place. Cet état d'esprit se manifeste encore dans la lettre suivante adressée à sa femme :

Samedi 15.

« Ma chère Hortense, j'arrive d'Arnheim où j'ai quitté Berthier que j'ai emballé pour la France ; il a fait un très court séjour ici, mais il a beaucoup couru et au moins tout aperçu ; il part extrêmement content et dans l'admiration de tout ce que nous avons fait ; il a pu juger combien l'opinion m'était favorable, et combien l'armée avait gagné par mes soins, il m'a paru dans l'intention d'en faire le récit le plus flatteur pour moi au Premier Consul.

« Je viens de recevoir ta lettre du 12. Je ne conçois rien aux caprices de ton frère ; en vérité son opinion est d'un ridicule achevé ; j'espère que cette bizarrerie lui passera, au surplus, tant pis pour lui. — Je t'attends incessamment, et je désire que tu ne tardes pas ton voyage, parce que je ne compte pas te garder lorsque mon armée sera sous la toile, ayant le projet de camper aussi, et cependant je désire que nous puissions passer quelque temps ensemble.

« Adieu, ma chère Hortense, je te quitte parce que je suis fatigué ; j'ai passé trois nuits sans me coucher et j'ai besoin d'un peu de repos. Je ne t'écrirai plus, parce que sans doute mes lettres ne te trouveraient plus à Paris. Je vais après-demain à La Haye, d'où j'irai à ta rencontre aussitôt que je serai instruit du jour de ton départ. Je t'embrasse mille fois.

« MARMONT. »

Hortense Marmont vint en effet passer quelques jours avec son mari à Amsterdam ; les magistrats de cette ville profitèrent de sa présence pour offrir au jeune couple « pendant trois jours des fêtes remarquables où la galanterie était unie à la plus grande magnificence. »

Tandis que la jeune femme regagnait Paris, Marmont restait en Hollande. Ce fut là qu'il apprit avec dépit qu'il n'était pas compris dans la promotion des maréchaux d'Empire qui eut lieu lors de l'établissement de la nouvelle dynastie ; une des nominations qui l'irrita le plus fut celle de Bessières.

Blessé dans son orgueil et aigri contre ses compagnons d'armes, Marmont ne devait plus être heureux à partir de cette époque, et son éloignement de Paris, aussi bien que ses infidélités allaient peu à peu détacher de lui la jeune femme qui s'était pourtant donnée à lui avec tant d'amour.

CHAPITRE VI[1]

LES DERNIÈRES ANNÉES DE PERREGAUX

Perregaux fut un des premiers sénateurs nommés par Bonaparte, le 4 nivôse an VIII (26 décembre 1799) ; cette marque d'estime était d'autant plus significative qu'aucun autre banquier n'était appelé à faire partie du Sénat.

« C'est à Perregaux », écrit Frédéric Masson (Jadis page 248) « que Bonaparte a dû recourir au lendemain de Brumaire — sinon la veille — pour trouver l'argent dont il avait le plus absolu besoin, puisque les caisses de l'Etat étaient vides

1. *Sources manuscrites :*

1° Papiers de la duchesse de Raguse.
2° Archives de la commune de Viry-Châtillon.

Sources imprimées :

1° Flour de Saint-Genis : La Banque de France à travers les siècles, 1896.
2° Stourm : Les finances du Consulat.
3° D'Hérisson : Les girouettes politiques.
4° Catalogues des collections d'autographes Lajarriette, Hervey, Dubrunfaut.
5° L. de Lanzac de Laborie : Paris sous Napoléon : Le Monde des affaires et du travail. Paris, Plon-Nourrit, 1910.
6° Frédéric Masson. Jadis, Première Série. Ollendorff, 1905.

et ce recours était d'autant plus naturel que dès avant l'expédition d'Egypte, Bonaparte était en rapport avec Perregaux. »

On sait combien à la fin du Directoire le déficit dans nos finances était considérable : on sait quel désordre et quelle anarchie avaient envahi tous les services publics. Au lendemain du 18 brumaire, il y avait une grande tâche à remplir : il fallait ramener l'ordre dans les finances et redonner confiance aux citoyens. « Il fallait sauver le pays d'une ruine certaine et fonder un régime nouveau. Sauveur et fondateur, rien ne convenait mieux au génie de Bonaparte. Il remplit merveilleusement l'un et l'autre rôle[1]. » Pour cette œuvre colossale, le Premier Consul sut s'entourer de collaborateurs de premier ordre : Gaudin, Mollien, Barbé-Marbois, Lebrun, Crétet, Perregaux. Ce fut à ce dernier qu'il s'adressa pour réaliser un projet qu'il méditait depuis longtemps : la création de la Banque de France, création qui devait marquer d'une empreinte ineffaçable les débuts du XIXe siècle.

« Le gouvernement », raconte Thiers dans son Histoire du consulat, « suscita les principaux banquiers de la capitale à la tête desquels se plaça M. Perregaux, financier, dont le nom se rattache à tous les grands services rendus à l'Etat, et on forma une association de riches capitalistes pour la création d'une banque na-

1. Stourm : Les finances du Consulat, p. 354.

tionale[1]. » Grâce à l'activité déployée par notre financier, la Banque de France était fondée le 28 nivôse an VIII, et le 24 pluviôse, la première assemblée générale des actionnaires approuvait les statuts et ratifiait la nomination des premiers régents : Perregaux, Mallet aîné, Le Couteulx-Canteleu, Hugues Lagarde, Récamier, Germain, Carié, Basterrèche, Auguste Sévène, Barillon, Ricard, De Mautort, Perrier, Perrée et Robillard[2].

La présidence qui comportait la direction supérieure des affaires fut confiée à Perregaux. Pour ramener la confiance, celui-ci faisait remarquer dès la première assemblée générale d'octobre 1800 que la Banque de France était absolument indépendante du Gouvernement. « Libre par sa création qui n'appartient qu'à des individus, indépendante par ses statuts, affranchie des contacts qu'aurait pu lui imposer un contrat passé avec le Gouvernement, elle ne négocie avec lui que lorsqu'elle rencontre ses convenances. »

M. de Lanzac de Laborie dans son intéressant ouvrage sur Paris sous Napoléon (tome VI, Le Monde des affaires et du travail, pages 133 et suiv.) a montré le rôle important joué par Perregaux dans la direction de la Banque de France, défendant avec énergie les intérêts de celle-ci, résistant souvent au Premier Consul. Bonaparte

1. Thiers : Histoire du Consulat, t. I, p. 176.

2. Parmi les premiers actionnaires figurent : Bonaparte pour 30 actions, Bourrienne pour 5 actions, Murat pour 2 actions, Joseph Bonaparte pour 1 action, etc...

s'impatientait en effet de la prudence excessive avec laquelle la Banque escomptait le papier des commerçants. Perregaux lui répondait en août 1803, que les régents « ne pouvaient donner plus de latitude à l'escompte, vu le défaut de bon papier et les faillites qui continuaient à éclater ». Mais bientôt il annonçait que la Banque se disposait à accorder des secours aux commerçants, en prenant les mesures nécessaires pour que « ces secours soient à la fois utiles aux emprunteurs et solides pour la Banque ». Payant personnellement de sa bourse, il empêchait avec l'aide de six de ses amis la ruine de la plus ancienne maison de Paris.

Perregaux s'était acquis depuis longtemps la sympathie et l'estime de tous ceux qui l'approchaient, car il savait mieux que personne, disent ses contemporains, « se faire aimer par sa cordialité et son ton aimable et sans prétention ». Aussi ne faut-il pas s'étonner de le voir en relations avec les personnalités les plus marquantes de l'aristocratie anglaise en même temps qu'avec les célébrités du monde artistique. Voici la duchesse de Devonshire, qui lui écrit de Londres, le 5 juillet 1803, en maudissant la guerre qui éloigne d'elle son fils : « La paix, la paix s'il est possible, voilà le vœu de tous les cœurs qui sentent combien sont horribles les maux de la guerre. » C'est le même vœu pacifique qu'exprime sous une autre forme, la délicieuse Louise Contat, en tournée à Strasbourg, le 15 floréal, an VIII : « Toujours se battre ! Ah ! mon ami, le vœu général, le vœu de paix si fortement exprimé par toutes les bouches ne sera-t-il donc jamais réalisé ?... Je vous envoie un baiser dont vous ferez ce que vous voudrez. »

Audoin, l'ancien député montagnard de Seine-et-Oise à la Convention, appelle Perregaux son bienfaiteur et lui demande le 17 pluviôse an X, une place honorable qui le mette en mesure d'élever ses enfants : « Veuillez ne pas me perdre de vue dans vos choix ; vous êtes certain que ma nomination ne pèsera jamais sur votre conscience ; les conseils de l'expérience, mon goût particulier, fruit de réflexion, quelques connaissances acquises, quelques talents pour la discussion, mon propre intérêt, celui de ma famille, tout vous répond de moi. » Mounier, l'ancien membre de la Constituante, qui a dû s'expatrier pendant la Terreur et fonder une institution à Weimar, insiste auprès de Perregaux pour obtenir sa radiation de la liste des émigrés ; le banquier qui vient de lui envoyer son fils pour apprendre l'allemand réussit à obtenir cette radiation et le 17 juillet 1801, Mounier en lui annonçant qu'il rentrera à Paris en octobre, lui conseille de ne pas laisser le jeune homme en Allemagne où il ne pourrait que corrompre ses mœurs sans développer son intelligence : « Vous savez qu'il importe beaucoup moins d'instruire votre fils dans les sciences que de lui donner des principes de conduite qui puissent à l'avenir faire son bonheur et le vôtre... Pour ne vous rien déguiser, les Allemands sont en général un bon peuple ; mais la philosophie qui prévaut maintenant dans toute l'Allemagne est une philosophie désespérante qui porte à tout révoquer en doute... Philosophie dangereuse surtout pour les Français, qui deviennent si malheureux et si nuisibles aux autres, dès qu'on déprave leurs sentiments par de beaux systèmes. »

Les artistes continuent comme autrefois à entretenir Perregaux de leurs petites affaires. La Duthé lui demande en 1800 de faire les démarches nécessaires pour la faire rayer de la liste des émigrés. Le 20 mai 1802 elle lui parle de sa liaison avec un membre du Parlement, M. Lee qui ne peut l'accompagner dans un voyage à Paris qu'elle a le désir de revoir. Dauberval, le danseur de l'Opéra, lui écrit le 22 brumaire an XI : « Vos ordres me mettront en voiture, daignez m'écrire : « J'attends Dauberval tel jour et tel « quantième ». — Le comédien Fleury lui dit qu'il est très occupé, car lorsqu'on n'a pas de fortune, il faut oublier les plaisirs pour s'assurer un sort : « N'est-ce pas mon ami, aussi je ne néglige rien pour y parvenir. Vous voyez que je me souviens de vos conseils. » Carline Nivelon, Dugazon, la Guimard, Louise Contat, Vestris fils sont de ses amis intimes.

Le peintre Gérard qui vient de terminer son

portrait (actuellement en possession de la famille Perregaux à Neuchâtel) lui écrit le 12 avril 1805 :

« Monsieur,

« Je ne vous envoie pas votre portrait, parce que je crois qu'il est avantageux de le laisser encore quelques jours chez moi. Je m'empresserai de le faire porter chez vous dès qu'il sera en état de recevoir le vernis.

« Vous avez la bonté de me remercier du zèle et du soin que j'ai mis à cet ouvrage. Permettez-moi plutôt de me regarder comme votre obligé, puisque vous m'avez offert un moyen de vous être agréable. Ce sont là de ces occasions qui font aimer le peu de talent que la nature nous donne.

« Je m'honorerai toute ma vie de la bienveillance que vous voulez bien me témoigner. La confiance qu'elle m'inspire est telle que je ne crains pas d'être indiscret en vous priant de souffrir que mes petits intérêts soient désormais dans vos mains. Veuillez me traiter à cet égard comme si j'avais l'honneur d'être votre fils. Je sais que je suis bien en retard et que je dois encore étudier, mais le travail et votre appui assureront peut-être un avenir qui sera votre ouvrage autant que le mien. Ma bonne petite femme, aussi ignorante que moi en affaires, aura l'honneur de se présenter chez vous demain au matin. Veuillez, je vous prie, lui accorder un moment.

« J'éprouve le plus grand regret en songeant que je ne pourrai avoir l'honneur de me rendre demain à votre obligeante invitation. J'oserai réclamer comme une preuve d'amitié l'effet de votre souvenir pour le premier soir où vous ne me croirez pas de trop. »

Citer tous les correspondants de Perregaux serait impossible ; parmi ceux qui sont le plus en relations avec lui, voici d'abord les Anglais : le lieutenant général Mackensie, le comte de Guildford, le pair d'Angleterre lord Yarmouth ; puis des savants comme Laplace et l'antiquaire Drovetti, des généraux comme Gouvion Saint-Cyr, des artistes comme Gérard et Isabey, des écrivains comme Morellet, des hommes politiques comme Fouché, Champagny, Barbé-Marbois, Maret, les sénateurs Lambrechts et François de Neufchâteau ; voici ce que ce dernier lui écrit :

Gand, le 28 août an 1806.

« Monsieur et cher collègue,

« Il y a un mois et demi que je suis absent du Sénat ; mais c'est pour lui que je travaille dans le plus beau pays du monde, et, ce qu'on n'aurait pas deviné, dans une sénatorerie, dont la dotation avait été formée au rebours du bon sens et de toutes les convenances. Ce n'est pas petite besogne, de recommencer celle qui a d'abord été mal faite. Pour s'en faire une idée, il fallait venir sur les lieux, et descendre dans les détails. Je m'applaudis à chaque pas d'avoir pris ce parti ; mais pour y réussir, il faut aussi à chaque pas, et de l'argent et du crédit. Mon notaire, M. Le Brun, vous remettra ma lettre avec une prière de me faire toucher, vers le 7 septembre, à Bruxelles, le montant de mon traitement pour le présent mois d'août ; et d'y ajouter s'il se peut une lettre pressante à quelque bon banquier, dans le cas où le changement de ma dotation exigerait quelques avances, extrêmement pressées, pour ne pas manquer un marché qui pourrait être avantageux. Je vous serai très obligé de me continuer ici votre bienveillance ordinaire. J'ai avec moi ma femme et mon petit garçon qui soutient à merveille les fatigues d'un grand voyage. J'ai voulu lui montrer la mer et quelques grandes villes avant de le mettre au collège. Il a ramassé des coquilles au bord de l'Océan, de quoi faire une grotte à Paris. Excusez-moi, mon cher collègue, de ces pauvres détails. Donnez-moi plutôt des nouvelles de Paris, de vous, du Sénat, auquel je suis toujours de cœur. C'est ainsi que je vous embrasse très tendrement et sans formules.

« François de Neufchateau. »

Madame Vigée Le Brun lui écrit de Londres le 20 octobre 1803 pour lui recommander sa fille et lui dit qu'elle restera en Angleterre jusqu'au printemps prochain, ayant plusieurs tableaux à finir : « Les circonstances actuelles resserrent les bourses ici et le climat ne me plaît pas assez pour y rester longtemps, ce qui fait que je ne pourrai que m'indemniser des frais qui sont considérables à Londres, surtout pour un étranger. C'est tout ce que je pourrai faire, sans aucun gain. »

Le diplomate Reinhard lui recommande le 20 mai 1803 un négociant de Philadelphie nommé Harmer et ajoute : « La beauté simple et naïve de Madame Harmer est faite pour plaire et pour intéresser. »

Le 25 juillet 1800, Roederer s'adresse à lui, ne sachant comment faire passer 300 francs à son fils qui « est volontaire de la légion de Bonaparte et qui se rend en ce moment de Dijon à Genève. »

Le ministre de la marine, Decrès lui demande le 2 janvier 1806 de faire passer 25 louis à un officier qui est en garnison à Sion en Valais.

Vers la fin du Directoire, Perregaux avait acheté le château que M. de Sartines possédait dans le département de Seine-et-Oise, à Viry-Châtillon. Il aimait à s'y reposer du souci des affaires et à recevoir ses nombreux amis ; sa fille Hortense venait souvent l'y retrouver et l'aidait à faire les honneurs de la maison. La jeune femme entretenait son père des petites préoccupations de sa vie mondaine, projetant des parties de théâtre, des diners, etc... « Veux-tu que j'aille te prendre à sept heures pour aller à l'Opéra », lui écrivait-elle le 30 juillet 1806 ; « j'ai une loge et le spectacle sera curieux[1]. Veux-tu même venir dîner avec nous ? » Le 8 décembre 1806, à propos d'une somme d'argent qui allait lui être remboursée, elle faisait allusion en ces termes aux goûts dépensiers de son mari : « Je pense que nous ferons bien de porter cette somme au grand compte du général Marmont pour y réparer un peu les brèches qu'il y fait. »

La santé de Perregaux chancelante depuis plusieurs années s'altéra plus gravement en 1807 ; les médecins lui ayant ordonné les voyages et la campagne, il cessa à peu près complètement de s'occuper des affaires, partageant son temps entre Neuchâtel, sa ville natale, et Viry-Châtillon. Ce fut dans cette commune qu'il mourut le 17 février 1808[2]. Détail macabre, l'artiste que Mme Marmont avait chargé de mouler la figure du défunt, ne prit pas toutes les précautions nécessaires, de sorte qu'en détachant le masque de plâtre, la peau y était tellement adhérente qu'elle s'arracha.

1. On jouait au bénéfice de M. Philippe, artiste retiré de l'Opéra-Comique : la première de *la Capricieuse*, comédie, et la première d'*Idala*, opéra.

2. Extrait des actes de l'état civil de la commune de Viry-Châtillon. « Du 17 février dix-huit cent huit, 7 heu-

Les obsèques du banquier eurent lieu le 22 février 1808 au milieu d'une grande affluence et son corps fut inhumé au Panthéon[1].

res du matin. Acte de décès de Jean Frédéric Perregaux décédé ce jourd'hui 17 février 1808, à 3 heures et demie du matin. Membre du Sénat conservateur et commandans (*sic*) de la Légion d'honneur né à Neuchâtel en Suisse le 4 septembre 1744, âgé de 63 ans 5 mois et 12 jours. » Cet acte fut dressé par M. Botterel Quinlin, maire de Viry-Châtillon. Perregaux avait été nommé commandant de la Légion d'honneur le 14 juin 1804 en récompense des services rendus par lui à l'Etat.

1. Voici en quels termes les journaux annonçaient la mort de Perregaux :

« Paris, le 23 février. — Le sénat a perdu l'un de ses membres, M. Perregaux, banquier, à la suite d'une longue maladie. Les obsèques ont eu lieu hier avec le cérémonial accoutumé. » (*Moniteur* du mercredi 24 février 1808.)

« Les obsèques du sénateur Perregaux se sont faites aujourd'hui avec la pompe réservée à son rang de sénateur. Ses relations d'homme privé avaient aussi contribué à augmenter son cortège funèbre qui a traversé presque toute la ville pour se rendre de la rue du Mont-Blanc au Panthéon. » (*Courrier de l'Europe et des spectacles*, n° du 23 février 1808.)

CHAPITRE VII[1]

LE MÉNAGE MARMONT SOUS L'EMPIRE

La duchesse d'Abrantès nous a tracé dans ses mémoires un portrait aussi exact que détaillé de Mme de Raguse[2].

« Une femme que je voyais très souvent et avec un charme toujours nouveau, c'était la duchesse de Raguse. Nous étions liées aussi in-

1. *Sources manuscrites :*

1° Papiers de la duchesse de Raguse.

2° Bibliothèque Nationale : manuscrit 5 931 nouv. acq. franç. : grand-livre de Leroi.

Sources imprimées :

1° Mémoires du duc de Raguse.

2° Mémoires de Mme la duchesse d'Abrantès ; 2e édition. Paris 1835.

3° Lavallette : Mémoires et souvenirs publiés par sa famille. Paris 1831.

4° Rapetti : La défection de Marmont en 1814. Paris, 1858.

5° Turquan : La reine Hortense. Paris, Tallandier.

6° Turquan : Le monde et le demi-monde sous le Consulat et l'Empire. Paris, Tallandier.

2. Duchesse d'Abrantès, Mémoires, t. IV, p. 283. Marmont et Junot avaient été élevés ensemble au collège de Châtillon-sur-Seine, d'où une grande intimité entre les jeunes gens qui se retrouvèrent tous deux comme aides de camp de Bonaparte à l'armée d'Italie.

timement que deux femmes peuvent l'être, et je l'aimais autant qu'on peut aimer une amie.... Charmante, gaie, vive, spirituelle, très instruite, naturelle et possédant tous les avantages d'une haute position dans le monde social, jusqu'à une grande fortune, ce qui la double encore... la duchesse de Raguse était à cette époque[1] la plus chère de mes amies, et toutes les fois que j'entendais annoncer son nom, il me faisait le même effet que celui de M. de Narbonne : l'amie était heureuse, la maîtresse de maison contente.

« L'esprit de la duchesse de Raguse est d'une nature remarquablement attachante, lorsqu'on en a la clef ; non pas qu'elle soit difficile à trouver, la duchesse est trop naturelle pour cela, mais elle est peu facile à contenter, et dès que les gens ne lui plaisent pas, elle devient silencieuse et se met à bâiller. Mais qu'elle soit au milieu de gens qui lui conviennent ou qu'elle aime, alors son esprit a des éclats, des jets d'une lumière non seulement brillante, mais chaleureuse ; elle est à toutes les questions, elle comprend tout ce qui se dit... Que de journées délicieuses j'ai passées avec elle !... seules toutes deux à Viry, dans une maison dont elle a fait un paradis !... C'est là qu'il la fallait entendre et voir. »

Tout en étant moins dépensière que Joséphine, Mme de Raguse figure cependant parmi les femmes les plus élégantes de la cour impériale.

1. En 1804.

Ses fournisseurs sont : Lesueur, le marchand de dentelles renommé, Frankaert, le bonnetier à la mode, Mlle Théonville, la lingère réputée. Elle se coiffe chez Herbault, la modiste de l'impératrice, se gante chez Lubin et s'habille chez le fameux couturier Leroi. Le grand-livre de ce dernier, que conserve la Bibliothèque nationale, est le Gotha de l'élégance parisienne sous le Premier Empire ; il suffit de feuilleter les pages pour relever les noms suivants : l'impératrice, la duchesse de Bassano, la reine de Naples, la reine Hortense, la reine de Westphalie, la duchesse de Rovigo, la duchesse de Trévise, la princesse Aldobrandini, la princesse Borghèse, la comtesse Bertrand, la princesse de Schwartzenberg, la princesse de Metternich, la princesse de Neuchâtel, la duchesse de Vicence, la princesse Elisa, Mmes Mollien, de Mortemart, de Montesquiou, Corbineau, Duchâtel, etc....

Ouvrons le grand-livre de Leroi au compte de Mme de Raguse et parcourons-le rapidement. En janvier 1812 elle se commande un domino en taffetas blanc bordé de satin qui lui coûte 113 francs et un masque à 3 francs. En février, elle se fait faire un corsage en velours, une robe de tulle lamée d'argent et une coiffure en lilas blanc pour aller avec une robe de satin blanc « garnie de satin coquillé paille », un schall en laine gros bleu, une robe de tulle brodée en soie, une robe de satin jaune. En mai, elle paie 150 francs une robe de taffetas écossais rose et vert « garnie à ruches découpées, double tulle au corsage », 120 francs une robe de crêpe lilas, 157 francs 65 centimes une « robe marceline lilas, bord en satin paille dedans, corsage doublé », et 109 francs une « petite marceline blanche doublée de florence rose ». Au mois de juin elle achète pour 182 francs « une robe de taffetas noir, garnie à deux ruches, manches longues, boutons, étoffe forte dans le col, blonde au col, tulle aux manches », et au mois de septembre, pour 350 francs, « une redingote de voyage velours ras vert, trois rangs de boutons devant, boutons aux manches, crêpe et blonde au col, liserée en satin, ceinture corsage, manches doublées. » En décembre, Leroi lui fournit une « redingote levantine gros jaune » et une « redingote de velours prisé cerise à boutons » ; en janvier 1813 : « une redingote de satin blanc revers pluche ponceau et un tablier en ruban » ; en février : « une robe de tulle blanc, garnie de bandelettes de satin ». Enfin en 1814 le couturier lui livre successivement : une robe d'étoffe cerise garnie de tulle et satin, une robe de satin blanc, « une redingote peignoir en satin garnie de rouleaux de satin avec plissés de tulle », une robe de mousseline brodée, une robe d'étoffe grise et une robe de crêpe chamois.

Elégante et fêtée, Mme de Raguse adorait le plaisir et paraissait à toutes les fêtes des Tuileries. Après la mort de son père elle s'était appliquée à agrandir son château de Viry et à en faire un séjour enchanteur ; c'est là qu'elle passait l'été, restant pendant l'hiver dans son superbe hôtel de la rue de Paradis-Poissonnière[1].

Aussi bien à Paris qu'à Viry-Châtillon, la duchesse aimait à réunir autour d'elle un cercle d'amis : c'était d'abord Mme d'Abrantès, à qui elle avait donné le sobriquet amical de *bobonne* et qui de son côté l'avait surnommée *chéchère*, c'étaient ensuite Mme Campan, Mme de Lavallette et son mari, la maréchale Ney, Denon et Gumpelzhaimer. Les réceptions étaient empreintes d'une simplicité et d'une cordialité charmantes, et la gaîté de la maîtresse de maison donnait à tous beaucoup d'entrain.

Pendant que sa femme participait à la vie mondaine de Paris, Marmont voyageait aux quatre coins de l'Europe. Le 29 août 1805, il avait quitté la Hollande pour aller rejoindre les armées impériales en Autriche ; vainqueur à Castelnuovo le 30 octobre 1806, créé duc de Raguse le 29 juin 1808 avec des dotations considérables en Illyrie, il prenait ensuite part à la campagne de Wagram et, le 12 juillet 1809, était nommé maréchal d'Empire.

C'est de cette année 1809 que datent les premières brouilles entre le duc et la duchesse de Raguse. Lavallette en parle ainsi dans ses mémoires[2] :

1. Cet hôtel existe encore au numéro 51 de la rue de Paradis. C'est là que fut signée, dans la nuit du 30 mars 1814, la capitulation de Paris.

2. Lavallette : Mémoires, t. II, p. 39.

« Le maréchal (Marmont), le lendemain de son arrivée, vint me voir. Nous étions amis depuis longtemps, sa confiance en moi était sans bornes, et il me parla de sa femme en termes fort mécontents. Je l'ai toujours cru jaloux, et je crois qu'il a manqué de justice envers elle. Après m'en avoir parlé avec chagrin et en homme qui ne voulait plus habiter avec elle, il me raconta un entretien qu'il avait eu avec l'Empereur à Vienne. L'Empereur, lui parlant de ses chagrins domestiques, lui proposa de les terminer en faisant prononcer son divorce. *Vous n'aurez point d'enfant d'elle,* lui dit-il, *cependant vous devez désirer de ne pas laisser éteindre un nom comme le vôtre. Divorcez et vous pourrez choisir dans les familles les plus élevées de la France une femme qui donnera des successeurs à votre rang et à vos dignités.* Le maréchal, en me faisant cette confidence et en me demandant mon conseil, était aussi loin que moi de soupçonner le motif secret qui avait fait parler l'Empereur. Je ne doutais pas de la sagesse de sa femme ; elle avait des qualités fort estimables et lui avait apporté une grande fortune : je lui conseillai de ne point prendre un parti qui pourrait lui laisser de longs regrets. Il suivit mon avis, et je crois qu'il fit bien. »

Une réconciliation qui d'ailleurs ne devait être que passagère eut lieu en effet entre les deux époux. Marmont, qui avait quitté l'Autriche le

15 octobre 1809 pour venir prendre à Paris les instructions de Napoléon sur l'administration des provinces illyriennes dont il venait d'être nommé gouverneur, repartait dès le 4 novembre pour l'Illyrie, emmenant avec lui sa femme. Pendant toute l'année 1810, le duc de Raguse mena une vie de faste et de plaisir qui était bien dans ses goûts. Habitant Trieste pendant l'hiver, à cause de son climat plus tempéré, et Laybach le reste de l'année, il menait de front, dit-il dans ses mémoires, les affaires et les plaisirs : « Chaque jour, avant trois heures, mon travail étant fini, toutes mes décisions prises, toutes mes signatures données, depuis ce moment jusqu'au soir, je m'occupais de promenades, de chasses, de fêtes et de plaisirs de toute espèce. » Il vivait sur un pied royal et savourait les délices du pouvoir : « Je ne devais correspondre qu'avec un seul ministre, celui des finances, pour toutes les affaires de l'Illyrie, et avec le ministre de la guerre pour l'armée française qui y était placée. En un mot j'étais, dans toute l'étendue du terme, un vice-roi dont le pouvoir n'avait pas de bornes[1]. » Le maréchal faisait des dépenses folles ; il s'était fait installer un splendide cabinet de chimie où il se livrait à des expériences en compagnie du pharmacien en chef de l'armée, Paissé.

Le temps s'écoulait rapidement : la duchesse de Raguse partageait les honneurs que l'on

1. Mémoires du duc de Raguse, t. III, p. 338.

rendait à son mari ; mais d'une santé plus délicate que lui, elle ne tarda pas à tomber malade, et à se voir obligée de rentrer en France. Le maréchal Oudinot parle de cette maladie de la duchesse dans la lettre suivante adressée à Marmont[1] :

Amsterdam, le 10 juillet 1810.

« L'intérêt que vous donnez à l'événement qui est venu me frapper si inopinément ne m'a point surpris, mon cher Marmont, parce que certain de vos sentiments, je devais m'attendre à ce témoignage auquel j'ai d'ailleurs été sensible. — *Marmont est un homme de cour qui ne manque pas de mérite et qui grille de l'envie de faire parler de lui. Il est brave et actif. Je l'aurais envoyé en Catalogne, si je n'avais eu M... sous la main et qu'il eût été moins utile au poste qu'il occupe.* — Ce sont, mon ami, les paroles de l'Evangile et que je me suis bien promis de vous rapporter, parce qu'elles m'ont chatouillé les oreilles de plaisir et que peut-être on me les disait avec intention puisqu'on nous sait amis.

« D'un autre côté, dites à Mme la duchesse que j'ai aussi pris part à la maladie qu'on m'annonce qu'elle doit avoir faite à Raguse, et que la reine de Hollande et moi nous avons dit beau-

1. Rapetti : Appendice, p. 291.

coup de mal d'elle pendant l'entretien que Sa Majesté m'a fourni sur son chapitre.

« Je vous remercie pour le bien que vous faites à Toussaint ; je suis sûr qu'il en est reconnaissant et qu'il vous servira bien et loyalement. Quant à la ménagerie, je n'y compte pas, mais beaucoup sur la continuation de notre vieil attachement. Vous écrivez comme un chat, mon ami, et si illisiblement que je vous conseille un secrétaire quand vous voudrez que je vous lise entièrement ; enfin, prenez modèle sur ma bâtarde[1].

« Vous avez travaillé en Illyrie à la satisfaction de L..., j'espère en avoir fait autant en Hollande où vous savez peut-être déjà que le ... n'est plus, etc., etc. Je ne puis en dire davantage. Adieu, ami, à revoir ! Respect et affection à l'aimable duchesse et embrassements tendres pour son cher époux.

« Le maréchal duc de Reggio. »

La réconciliation entre le maréchal et sa femme ne dura pas après le retour d'Illyrie. Tandis que Marmont allait à la fin de février 1811 prendre le commandement de l'armée de Portugal, la duchesse de Raguse partageait ses loisirs entre Paris et Viry. Elle ne correspondait plus

1. L'écriture du maréchal Marmont est en effet très difficile à lire.

avec son mari et les rapports entre les époux étaient très tendus ; ils allaient aboutir en 1814 à une séparation définitive.

Marmont dans ses Mémoires s'est montré très sévère à l'égard de sa femme[1]. « En l'épousant » dit-il, « j'ai appelé sur moi mille infortunes. Je n'avais pas 24 ans et je devais passer ma vie à courir le monde, deux circonstances funestes en pareil cas. A 24 ans un jeune homme n'a pas la maturité nécessaire pour sentir le prix du bonheur domestique ; les passions sont trop fougueuses pour ne pas l'entraîner à le compromettre ; d'un autre côté une séparation prolongée donnant à une jeune femme l'habitude et le goût de l'indépendance lui font trouver insupportable le joug d'un mari au moment où il revient, tandis que pendant son absence elle reste sans défense près de ceux qui veulent la séduire. Je parlerai peu de cette malheureuse union, le moins qu'il me sera possible, quoiqu'elle ait joué un grand rôle dans l'histoire de ma vie : souvent elle a été pour moi un obstacle en aggravant mes maux, mes chagrins, mes embarras ; jamais elle ne m'a apporté de joie, de secours ou de consolation, mais elle a toujours contrarié et obscurci ma destinée. Mlle Perregaux, avec une grande inégalité de caractère, avait tous les défauts d'une enfant gâtée ; elle n'était pas incapable de bons mouvements, mais un amour-propre excessif et beaucoup de vio-

1. *Mémoires du duc de Raguse*, t. I, p. 348.

lence en détruisaient les effets. Plus tard les flatteurs l'ont perdue et ses torts envers moi ont été sans mesure et de toute nature. » A un autre endroit de ses Mémoires, le maréchal raconte les circonstances qui le décidèrent en 1814 à se séparer définitivement de sa femme. « Mes longues absences et l'existence indépendante et brillante dont jouissait Mme de Raguse avaient porté leur fruit. Des chagrins de toute espèce avaient été mon partage. Revenu dans mes foyers j'y trouvai des habitudes que je ne pouvais supporter, habitudes tellement prises qu'il était impossible de les combattre avec succès. Je me bornai à vouloir de la part de Mme de Raguse de la réserve. Je calculai une existence toute de convenance : mais son caractère était peu propre à la conciliation et elle trouva le moyen de me rendre la vie insupportable. Tout en elle était passion et déraison. Alors je résolus de me séparer d'elle à l'amiable et sans éclat. Je poussai la délicatesse de ma conduite jusqu'à renoncer volontairement aux avantages de la fortune qui résultaient légitimement de mon union avec elle... Dès ce moment nos intérêts furent distincts. J'allai me loger loin d'elle et il fut convenu seulement que ne jouissant pas de sa fortune et renonçant à son administration, je n'en serais pas responsable. Ma séparation la contrariait beaucoup. Elle craignait les effets qui en résulteraient pour elle dans l'opinion. Elle aurait trouvé commode d'avoir auprès du monde la protection de son mari que la position qu'elle avait prise lui rendait si nécessaire, et cependant elle répugnait à l'aider dans ses succès sociaux. Un jour, quand je croyais encore possible de vivre avec elle et lui ayant dit : *Nous allons tenir une bonne maison, il en résultera de grands avantages pour moi à la cour*, elle me répondit : *Ah ! vous croyez que je vais vous servir de marchepied* ! Réponse où la haine se montre à découvert, puisqu'elle l'aveuglait même sur ses propres intérêts. Effrayée cependant du jugement du public, et dans le but de l'égarer sur les véritables causes de notre séparation, elle n'hésita pas à réunir autour d'elle mes ennemis politiques afin d'avoir des amis et des prôneurs. Des amis, hélas ! le seul moyen pour elle d'avoir des gens qui en tinssent le langage était de servir leurs passions et de donner de bons dîners. Aujourd'hui, moins riche, elle est fort délaissée, son caractère étant tout à fait incompatible avec l'amitié. Ce sentiment divin exige un cœur tendre, généreux, de la justice, de la raison, de l'indulgence et une sorte d'égalité au moins dans les rapports, si elle n'est pas dans la nature des choses. Elle, au contraire, égoïste, passionnée, déraisonnable, enfant gâtée, voulait des esclaves et non des égaux. Du moment où la femme portant mon nom, qui de près ou de loin devait toujours partager mes succès et mon existence, s'unissait intimement à mes ennemis, elle donnait le plus grand crédit aux calomnies débitées contre moi. Voilà ce que Mme de Raguse a été envers moi. Voilà ce que je ne saurais jamais lui pardonner. Elle a tenté de flétrir ma vie, mais si elle n'y a pas réussi elle est parvenue au moins à la déchirer. »

Ces lignes sont bien dures et bien sévères pour Mme de Raguse, mais elles ne sont pas justes. Ici, comme dans tant d'autres passages de ses Mémoires, le maréchal Marmont a obéi à la haine et à la jalousie.

Certes, l'union du duc et de la duchesse de Raguse, commencée pourtant sous de si heureux auspices, ne fut pas heureuse et, tandis que d'autres ménages comme ceux de Suchet, Oudinot, Ney, Brune, Soult, Verdier, vécurent en parfaite harmonie, il n'en fut pas de même du ménage Marmont. A qui la faute ? Au maréchal surtout, au hasard beaucoup, à la duchesse très peu.

Instruit et intelligent, très spirituel, fourni d'anecdotes sur tous les sujets, Marmont s'était laissé peu à peu dominer par deux sentiments : l'orgueil et la jalousie de tous ceux qui l'entouraient. Il n'était plus le charmant cavalier plein d'ardeurs juvéniles qu'il avait été au début de sa vie militaire ; l'ambition l'avait perdu. Infatué de lui-même, faisant naître un conflit par sa hauteur dès qu'il s'agissait de stipuler avec des administrations rivales ou de demander un concours, il méritait tout à fait ce surnom de *Marmont premier* que lui avait donné l'Empereur. Il était en outre prodigieusement dépensier, car il était fastueux et passionné pour le luxe, les fêtes et les plaisirs ; aussi « toujours en proie aux besoins, il ne maniait pas les deniers publics sans que ses mains ne fussent suspectes », a dit un de ses historiens[1]. A l'orgueil, Marmont joignait une jalousie haineuse pour tous ceux qui l'entouraient ; profondément vexé de voir ses compagnons d'armes devenus maréchaux d'Empire avant lui, il était rongé par l'envie et exhalait sa mauvaise humeur en décriant Napoléon, en critiquant ses camarades, et en dénigrant les ordres qu'il recevait.

Le caractère si gai, si spontané et si franc de la duchesse de Raguse ne pouvait plus dès lors s'accorder avec le caractère haineux et envieux de son mari. Les lettres devenaient peu fréquentes entre les deux époux. Peut-être si le maréchal était revenu en France, les malentendus auraient cessé ; mais Marmont fut un des généraux de l'empire qui voyagèrent le plus ; de 1804 à 1814, en dix ans, il passa six semaines à Paris ! Ces continuelles absences laissaient la jeune femme livrée à elle-même et sans conseiller, depuis la mort de Perregaux ; qu'elle ait dans ces conditions commis quelques légèretés, qu'elle se soit laissée aller à quelques inconséquences, cela n'a rien de surprenant ; mais Marmont eut le tort de prendre au tragique des racontars démesurément grossis.

1. Rapetti, La défection de Marmont en 1814.

Pendant un de ses rares voyages à Paris en 1810, le maréchal arriva à l'improviste dans l'hôtel de la rue de Paradis-Poissonnière, au moment où sa femme rentrait en calèche ; sans autre explication, il intima au cocher l'ordre de rebrousser chemin et défendit à Mme de Raguse de jamais y rentrer ; furieuse, la duchesse partit pour Viry. — Désormais, la vie commune était devenue impossible.

Marmont, qui se montrait si sévère envers sa femme, était cependant bien loin d'être un mari exemplaire. Il avait eu de nombreuses aventures galantes, alors qu'il était déjà marié, et il les a narrées lui-même dans ses mémoires avec beaucoup de satisfaction ; parlant notamment des difficultés qu'il éprouva comme chef de corps d'armée avec un fonctionnaire civil, il raconte qu'il en eut moins avec la femme de celui-ci, ajoutant cette plaisanterie d'assez mauvais goût : « Il ne put plus m'accuser de manquer de soin et de compter mes visites avec lui [1]. »

Les événements de 1814 achevèrent de rompre tous rapports entre le duc et la duchesse de Raguse. On ne sait que trop quelle fut la coupable et triste conduite du maréchal Marmont en ces heures douloureuses où la France envahie entendait sonner le glas de l'Empire. Marmont, pour qui l'Empereur avait toujours eu la plus grande amitié, oublia la reconnaissance qu'il devait à celui qui l'avait créé duc et maréchal

1. Marmont, *Mémoires*, t. II, p. 385.

d'Empire ; trahissant l'honneur de l'armée, il mit ses troupes à la discrétion de l'ennemi, ouvrant ainsi les portes de Paris aux Bourbons dont il espérait une récompense. La récompense du traître d'Essonnes, ce furent des honneurs et des titres ; mais le châtiment ne se fit pas attendre ; le mot « raguser » devint synonyme de trahison, et le maréchal ne put plus sortir sans entendre des murmures sur son passage. Il avoue lui-même dans ses Mémoires que sa femme lui témoigna tout le mépris qu'il lui inspirait et il l'en blâme sévèrement. Singulier jugement, en vérité ! Mme de Raguse restait fidèle à l'Empereur que son père avait loyalement servi ; elle lui restait fidèle dans les mauvais jours, alors qu'il n'y avait plus d'honneurs à récolter et Marmont s'en indignait, car elle avait l'estime des honnêtes gens, estime qu'il ne pouvait plus conserver. L'expiation allait d'ailleurs bientôt commencer pour le maréchal, et jusque dans l'exil il devait être poursuivi par la réprobation de la conscience publique. « A Venise » écrit M. Henri Houssaye « quand le vieux maréchal songeant à la France où il aurait voulu aller mourir passait sur la *riva dei Schiavoni*, les enfants du peuple le montraient au doigt et criaient : *Ecco colu ga tradi Napoleon !* Voilà celui qui a trahi Napoléon [1] ! ».

1. H. Houssaye, 1814, p. 625.

CHAPITRE VIII[1]

VIRY-CHATILLON

Tout près de Juvisy, sur le penchant d'un coteau verdoyant, s'élève un petit bourg d'aspect aisé et paisible : c'est Viry-Châtillon, dont on aperçoit de très loin la vieille église gothique, dominant d'épais massifs d'arbres. A quelques pas de l'église, se dresse le château, longue construction blanche du XVIIIe siècle, et qui extérieurement n'a rien de remarquable ; mais le parc qui l'entoure, dessiné par le jardinier Damesme, un émule de Lenôtre, est merveilleux[2]. A con-

1. *Sources manuscrites :*
   1° Papiers de la duchesse de Raguse.

   Sources imprimées :
   1° Lavallette : Mémoires et souvenirs publiés par sa famille, Paris, 1831.
   2° Mémoires du duc de Raguse.
   3° Marchand du Breuil, Journées mémorables de la Révolution française, 2e édition, 1829.
   4° Buchon : Correspondance inédite de Mme Campan, 1835.
   5° Biographie des dames de la cour et du faubourg Saint-Germain par un valet de chambre congédié, Paris, 1826.

2. Depuis que nous avons écrit ces lignes (1905), cette belle propriété a été vendue et lotie. Le château a été transformé en une confortable « hostellerie ».

templer ce décor tranquille et reposant, on ne se douterait jamais qu'un des premiers drames de la Révolution française s'y joua le 22 juillet 1789 : c'est là en effet, chez son ami M. de Sartines, qu'était réfugié le financier Foulon, lorsqu'une troupe d'hommes armés partis de Paris se présenta aux grilles du château à quatre heures du matin ; Foulon, qui était déjà levé et se promenait dans le parc, fut assailli avec fureur et abreuvé d'outrages, puis, une couronne d'orties sur la tête, un bouquet de chardons et une botte de foin derrière le dos, il fut traîné à pied jusqu'à Paris où il arriva à sept heures pour être massacré quelques heures après.

La duchesse de Raguse, tout en conservant à cette superbe propriété l'aspect que lui avaient donné ses précédents possesseurs, n'avait cessé de l'agrandir et de l'embellir. C'est à elle que l'on doit le charmant pavillon gothique qui s'élève au fond du parc et qu'elle eut soin de meubler dans le même style ; elle aimait à venir y lire et y rêver.

Bien que la plupart des meubles garnissant le château aient été dispersés à la mort de la maréchale Marmont, on y trouve cependant encore quelques souvenirs : notamment une superbe jardinière en acajou avec de très beaux ornements en cuivre, un curieux fauteuil du plus pur style Empire orné d'une bande représentant des danses grecques, un délicieux abat-jour en porcelaine peint par Mme de Raguse, représentant d'un côté une vue du château prise du jardin et de l'autre une vue de Suisse ; enfin dans le pavillon bleu situé au fond du jardin, on peut contempler une fresque très fine représentant des joueurs de flûte.

Ce fut à Viry que Mme de Raguse apprit le désastre de Waterloo. Le 24 juin 1815 elle écrivait à un ami :

« Vous pouvez juger de mon inquiétude, Monsieur, dans ce moment de trouble. Soyez assez bon pour me mettre au courant de ce qui se passe et de ce qui est probable dans cette crise pour sa véritable issue, car j'ai le sentiment que nous ne sommes pas au bout et que le parti indiqué par une faction ne sera pas en résultat celui auquel on se tiendra.

« Adieu, écrivez-moi deux mots qui me serviront de boussole, car dans ma position, isolée comme je le suis, je dois tout tirer de mon propre fond pour me diriger dans ce que je ferai, soit pour rester, soit pour partir, soit même pour aller à Paris, où je ne serais peut-être pas en sûreté. Adieu encore et mille amitiés. »

Après le rétablissement des Bourbons, elle vécut éloignée de la cour, consacrant la majeure partie de son temps à son château qu'elle avait toujours affectionné. La musique et la lecture étaient ses occupations favorites : bibliophile passionnée (elle fit partie de la Société des Bibliophiles français de 1820 à 1843), elle réunissait dans sa bibliothèque des ouvrages rares anciens et modernes, recherchant de préférence les exemplaires de luxe.

L'entretien de sa propriété, la surveillance de ses récoltes étaient aussi de grandes distractions pour la maréchale. Elle écrivait à Mme de Vatry :

« Il est bien ridicule d'offrir si peu de fruits à celle qui donne de si belles fleurs, mais ceci n'est qu'un échantillon de récoltes futures et surtout l'accomplissement d'une promesse. Vous avez peut-être oublié, madame, qu'il y a quelques années vous doutiez du succès de certaines plantations de cédrats et limons, et que je vous promis de vous offrir des prémices de ces arbustes. Je vous apporte aujourd'hui le tiers de la récolte première de 1825 et j'espère que vous me permettrez l'année prochaine de vous en donner davantage, car déjà celle-là s'annonce bien. Soyez assez bonne pour manger des perdrix à mon intention et convenez que mes limons valent ceux des îles Borromées. Vous ignorez sûrement que je suis malade depuis trois mois, que je me couche à dix heures, sans quoi vous ne m'auriez pas donné le regret de voir votre nom chez mon portier à la date de onze heures du soir.

« Agréez, je vous prie, madame, ainsi que monsieur de Vatry, l'expression de mes sentiments.

« La Maréchale Duchesse de Raguse. »

La duchesse de Raguse recevait beaucoup à Viry où venait fréquemment sa jolie et étourdie belle-sœur Mme Alphonse Perregaux, née Macdonald. Cette dernière avait failli jadis être renvoyée d'Ecouen par Mme Campan dans des circonstances assez amusantes que rapporte M. d'Hérisson[1] : « Mme de Sémonville s'y rend pour essayer son crédit. Elle fait dîner la jeune personne avec elle. Au dessert, le chapitre de la morale est entamé. Elle de répondre : *je m'en moque !* et de se lever en jetant sa serviette au nez de la respectable dame. Sur cette tentative malheureuse, M. de Sémonville se décide à essayer s'il réussira mieux. La demoiselle l'aimait fort et lui montrait grande confiance : *vous n'avez pas su vous y prendre, laissez-moi la cajoler.* Il arrive à Ecouen, la promène, parlant de tout ce qui peut lui plaire ; puis dîner en tête à tête. Peu à peu, il hasarde les observations sur le présent et les conseils pour l'avenir. On l'écoute ; il insiste sur l'inconvenance de ce : *Je m'en moque* (sa réponse habituelle). Enfin il faut se séparer. Elle l'embrasse tendrement. Et lui, profitant du moment : *N'est-ce pas, ma chère, tu ne diras plus : je m'en moque. — Non, certainement, mon cher papa, soyez tranquille. Je ne dirai plus : je m'en moque ! je dirai seulement : je m'en fous !* »

Les nombreux amis que recevait la duchesse

1. D'Hérisson : Souvenirs intimes du baron Mounier, p. 42.

à Viry, et parmi lesquels figuraient Horace Vernet, Denon, Mme Récamier, Charles Cochelet, etc..., venaient apporter leur tribut de gaieté : on dansait et on soupait avec animation : parfois même, au dire des anciens du pays, certains invités montraient une telle exubérance qu'ils jetaient leurs chapeaux par les fenêtres. Quelquefois Mme de Raguse se laissait entraîner à Paris pour prendre part à quelque bal ou à quelque fête, chez Isabey par exemple. « Isabey », écrit Mme Campan à Hortense de Beauharnais le 27 février 1819 [1], « toujours amateur de mascarades, en a eu une où il n'était pas permis de se présenter sans costume du meilleur ou du plus bizarre goût, et dont les simples dominos étaient proscrits. Plus que l'égalité régnait dans cette assemblée, et vous en jugerez par la liste de quelques noms. Il y avait entre beaucoup d'autres dont j'ignore les noms : Mme Gail, l'auteur de romances ; Mme la duchesse de Raguse, Mme Gavaudan et sa mère ; Mme la princesse de Chimay, Mme Belmont ; Mme Lallemand ; Levasseur, de l'Opéra ; Mmes Vernet et Burton ; M. de Brac ; Ponchard et sa femme ; les Armand, du Théâtre-Français ; M. de Montessuis, très plaisant en marquis ; Amédée Rousseau. Mon fils qui n'a pas voulu faire la dépense d'un costume s'y est présenté en domino et a été refusé. »

La maréchale Marmont était très aimée de

1. Buchon : Correspondance inédite de Mme Campan, 1835, t. II, p. 212.

tous ceux qui l'approchaient ; voici d'ailleurs le portrait qu'en fait le satirique petit ouvrage publié en 1826 sous le titre de *Biographie des dames de la cour et du faubourg Saint-Germain par un valet de chambre congédié* : « C'est une grande et belle femme, très douce et très charitable. Tout ce qui l'entoure se loue de ses bontés. Comblée ainsi que son mari, le maréchal Marmont, des bienfaits de l'Empereur, elle n'a point secoué comme lui le joug importun de la reconnaissance et a su, malgré les chances de la fortune, rester fidèle à ses premiers souvenirs. C'est de là que vient leur division. L'interrègne la fit éclater. Le cœur du duc penchait vers Louis XVIII, celui de la duchesse se prononçait pour Napoléon. La cour de Gand vit le premier, celle de Paris accueillit la seconde. Tout rapprochement devint dès lors impossible. »

Mme de Raguse entretenait une correspondance amicale avec les fidèles de l'Empire. Eugène de Beauharnais lui racontait en juin et août 1823 son séjour à Marienbad et ses projets de voyage sur le lac de Constance dont il espérait beaucoup pour sa santé. Lavallette, réfugié en Bavière après sa miraculeuse évasion, la suppliait de lui écrire souvent et lui confiait sa femme et sa fille ; le 28 juillet 1816, il lui écrivait des bords du lac de Starnberg[1] :

« Je ne sais comment vous exprimer, chère

1. Lavallette, Mémoires, t. II, p. 363.

amie, tout ce que j'ai éprouvé à la vue et à la lecture de votre lettre. On m'avait dit que vous étiez de ce côté-ci ; je n'osais le croire. Mais une lettre de vous, je n'y pensais pas ; et je suis si loin de toute civilisation qu'une lettre d'un être vivant, d'une amie, me fait une impression terrible. Depuis ce matin je l'ai relue dix fois et les détails qu'elle contient m'ont fait pleurer comme un enfant. C'est la seule qui me donne des détails sur cette funeste époque ; et vous y avez mis un tel charme, une naïveté si vraie que j'ai retrouvé en la lisant tout ce qui m'avait si profondément agité dans ce dénouement si extraordinaire.

« Il est donc vrai que ma pauvre Emilie se porte bien ; on me l'avait dit, mais pas comme vous. Je vous félicite toutes deux de vous être rapprochées. Vous êtes digne de la comprendre et de l'aimer. Ils ne l'entendent pas dans le monde. Ils n'ont jamais su ce qu'elle avait de noble, de dévoué, de courageux, avec cette figure si calme, si tranquille et si froide en apparence. Soignez-la tous, je vous en prie : veillez sur elle et ne souffrez pas que les misérables la tourmentent. C'est un être sacré, l'honneur de son sexe ; et ce serait une honte éternelle qu'on lui fît expier par des persécutions une action si noble et si généreuse. Quant à moi, chère amie, j'ai passé cinq mois dans la plus profonde solitude, avec une énergie de cœur et une hauteur d'âme dont je ne savais que faire (c'est assez vous dire que je n'étais pas découragé), mais avec une douleur qui me jetait dans les convulsions. Et cependant je ne maudissais pas l'humanité, car, quel est l'homme qui a moins à s'en plaindre ? Parents, amis, domestiques et jusqu'à des étrangers, tout a été parfait pour moi. Dans ce pays-ci même je n'aurais qu'à me nommer pour trouver des amis ; et à la honte éternelle de ces misérables, je pourrais parcourir le continent, leur écriteau sur la poitrine, sans rencontrer une insulte. C'est là ma consolation. Mais mon pauvre cœur est si malade, si horriblement déchiré qu'il me faut un courage qui s'épuisera, pour supporter ma position. Je fais cependant tout ce qu'il faut pour me distraire. Je vis dans un trou, dans les montagnes, au milieu des eaux. J'ai pour compagnon un bon jeune homme, dessinateur habile et avec lequel je travaille une partie de la journée. Je passe l'autre partie à recommencer les études de ma jeunesse et avec ces colosses de l'antiquité qui se jouaient de l'adversité et supportaient le malheur avec tant de noblesse et de grâce. Je prie et je pleure en pensant à tout ce que j'aime et à ma pauvre patrie tombée dans un avilissement tel que je n'ose plus la nommer. J'apprends la langue du pays, car mon compagnon ne sait pas un mot de la mienne. Je cause avec des paysans qui supportent tranquillement leur position, qui sont gouvernés par un souverain qu'on ne loue pas dans les gazettes, mais qu'on bénit dans les chaumières ; qui ne connaissent ni mon nom ni mes infortunes, mais qui paraissent disposés à m'aimer, parce que je n'ai pas l'air d'un méchant homme, et que je leur fais du bien.

« Les misérables qui m'ont si cruellement traité ne se doutaient pas que cette femme si faible, si malheureuse, si accablée serait plus forte et plus courageuse qu'eux tous. Je ne leur veux aucun mal, le plus profond mépris m'a fait justice, mais je doute qu'ils se trouvent bien en continuant de parcourir cette route de sang.

« Je ne vous parle point de l'ami que j'ai ici[1] : un frère aurait été moins bon, moins généreux. Je le vois, lui et sa famille, souvent depuis quelque temps. Ce sont des anges de bonté : il est heureux ! et ce spectacle de bonheur me fait grand bien.

« Vous avez donc vu ma pauvre petite Joséphine. Mon Dieu ! que deviendra-t-elle ? Je frémis en pensant qu'elle sera peut-être un jour bien malheureuse. Hélas ! il m'eût été si doux de perfectionner son éducation ! Quand je pense à tout cela, je me frappe la tête contre les murailles et je ne sais ce que je ferais contre moi. Dites-moi, répétez-moi avec une noble amie qui a été si admirable pour moi[2] et qui voyage aussi de ce côté ; répétez-moi toutes que je vous reverrai, que je jouirai de votre bonheur. Car pour le mien tout est fini, et j'ai le pressentiment qu'un

1. Eugène de Beauharnais.
2. La reine Hortense.

petit coin de terre m'attend dans un cimetière de village.

« Aimable Caroline ![1] elle est donc avec vous. Que Dieu vous bénisse ! elle mérite une telle amie. Dites-moi donc où est son mari. Est-il vrai qu'il a pris la route de l'Orient ? Où va-t-il ? cela m'inquiète, car c'est un des plus nobles caractères que j'aie trouvés. Vous reverrez nos bons amis Mollien. Dites-lui que je l'aime et que je pense à lui tous les jours et longtemps chaque jour. Embrassez sa douce compagne ; je lui souhaite du bonheur. C'est la dernière personne que j'ai vue, car c'est en sortant de chez elle que j'ai perdu ma liberté, et sa tendre compassion m'est restée dans le cœur.... Enfin, embrassez aussi Fréville ; il m'a donné une preuve d'amitié dont j'ai gardé un doux souvenir. Pensez tous à moi, et vous surtout, chère amie, dont j'aime tant le noble caractère et l'âme si courageuse. J'espère que vous aimez mes chers Anglais. Faut-il qu'une si belle action leur ait attiré une si odieuse persécution. Que vont-ils devenir ? Si le malheur de Bruce est réel, que cela me rendra malheureux moi-même. On paie cher une noble conduite : le vice est plus heureux. Adieu ! adieu !

« Si vous êtes rentrée lors de la fête d'Emilie, envoyez lui une fleur de ma part. Voilà un mot pour elle. »

Cette fidélité et ce dévouement à ses amis, la

1. La générale Lallemand.

duchesse de Raguse devait encore les témoigner quelques années plus tard à son ancienne camarade de pension, à Hortense de Beauharnais. L'ex-reine de Hollande, dès qu'elle avait appris l'arrestation de son fils, après l'échec du complot de Strasbourg (octobre 1836) avait quitté sa résidence d'Arenenberg et s'était rendue en toute hâte à Viry chez la maréchale Marmont, qui avait mis sa maison à sa disposition. La reine Hortense espérait ainsi être plus à portée d'intercéder en faveur de Louis-Napoléon ; mais le gouvernement de Louis-Philippe, dès qu'il fut instruit de sa présence, lui intima l'ordre de repartir sur-le-champ. Vainement Mme de Raguse et la baronne de Faverolles se rendirent à Paris auprès du comte Molé, président du Conseil, et lui demandèrent de surseoir quelques jours, à raison du chagrin, de la fatigue et de l'état de santé très précaire d'Hortense de Beauharnais ; le ministre fut inflexible, et la mère de Napoléon III dut regagner Arenenberg où elle n'allait pas tarder à mourir. La maréchale Marmont faisait allusion à ces événements quand elle écrivait à M. Cochelet :

Ce 13 novembre (1836).

« Votre lettre, Monsieur, est arrivée au moment où Madame la Duchesse de Saint-Leu allait monter en voiture pour retourner en Suisse. Elle m'a chargé de vous exprimer la gratitude que lui a fait éprouver le désir que vous manifestiez de la voir, ainsi que son regret de ne pouvoir le satisfaire. Madame la Duchesse n'avait qu'un but en venant en France : celui d'obtenir la vie de son fils. Dès qu'elle a été rassurée sur cet unique intérêt, elle a préféré s'arrêter ici pour ne pas inquiéter le Gouvernement par sa présence à Paris. En s'imposant la privation de ne pas voir les amis qu'elle y a laissés, elle a voulu aussi s'épargner les émotions que leur présence et leur sympathie lui eussent causé. Vous comprendrez ce motif, Monsieur, car ce dont elle a besoin avant tout, c'est de courage, c'est de réserver ses forces pour les nouvelles épreuves que le sort lui fait subir. Elle n'a fait appel à aucun de ses amis. Elle s'est refusée à recevoir personne et si la veille de son départ, quelques-uns ont malgré elle forcé sa porte, c'est la publicité donnée par le Gouvernement à son séjour ici qui en est la seule cause. Son désir et sa volonté étaient qu'il fût ignoré pendant qu'elle ferait négocier à Paris auprès des ministres du Roi sur le seul intérêt qui lui avait fait franchir la frontière de France. Vous qui la connaissez, Monsieur, ne serez pas surpris de cette modération dans un si grand malheur, mais sa résignation dont seule j'ai pu juger lui est encore supérieure ; elle ne peut se comparer qu'à sa tendresse pour ce fils qui a compromis le repos et le bonheur de sa mère, qu'à son abnégation pour celui sur lequel elle n'a versé que des pleurs, sans qu'un reproche, ni une plainte soient sortis de ce cœur brisé... »

Paris, ce 25 mai 1837.

« La lettre que vous m'avez fait l'honneur de m'écrire, monsieur, ne m'est parvenue que ces jours-ci après m'avoir été renvoyée d'Arenenberg.

« On vous a induit en erreur en vous disant que j'étais dans cette résidence. Je n'ai ni le bonheur, ni la douleur de soigner la Reine, je ne l'ai pas vue depuis six mois ; alors elle était pleine de vie, de force et de santé, malgré ses terribles anxiétés ! Aujourd'hui, je ne puis donc vous parler de son état que par les nouvelles que je reçois moi-même d'elle ou par les personnes qui l'entourent. Son état est des plus alarmants, les médecins ne le dissimulent pas et ils ont prononcé un arrêt que j'ai peine à croire possible, mais que les accidents qui se renouvellent sans cesse ne rendent que trop probable. Elle est pourtant mieux depuis quelques jours, on est parvenu à calmer ses nerfs et à lui rendre un peu de sommeil. Mais elle ne se lève pas et on la porte d'un lit à un autre ou sur une chaise longue. Elle est fort affaiblie. Ces détails ne sont pas très rassurants, et ils sont au contraire fort affligeants pour les amis de la Reine, qui n'y peuvent puiser aucun espoir pour l'avenir[1]. Je

1. La reine Hortense mourut le 5 octobre 1837.

regrette, monsieur, de n'avoir pas de meilleures nouvelles à vous donner. Votre nièce était plus à portée que moi de vous en procurer, car elle était établie chez la Reine, et encore aujourd'hui ses relations avec les dames qui l'entourent doivent lui faciliter tous les moyens de vous en donner de certaines et de récentes.

« Recevez, monsieur, l'assurance de mes sentiments distingués.

La maréchale duchesse de RAGUSE. »

Mme de Raguse qui, en 1815, possédait encore 2 millions, avait vu peu à peu son patrimoine diminuer ; dès 1827, elle était obligée d'entamer un procès en séparation de biens contre son mari ; le procès fut interminable, mais, finalement, la maréchale obtint gain de cause en première instance, puis en appel. Lors de la liquidation de la maison de banque Laffitte, la duchesse de Raguse subit des pertes considérables qui l'obligèrent à restreindre son train de maison et à vendre son bel hôtel de la rue de Paradis-Poissonnière pour aller s'installer 65, rue de Varenne, dans un appartement d'un loyer de 10.000 francs qu'elle conserva jusqu'à sa mort. « Il ne m'est plus permis », écrivait-elle, « de me risquer dans aucune affaire d'argent. Ma fortune est tellement réduite que je suis forcée de compter strictement avec moi-même. C'est un fait assez connu pour que mon patronage, qui ne peut plus contribuer à la réussite d'aucune entreprise, ne fût, au contraire, considéré comme une témérité qui nuirait à la confiance qu'avant tout, on doit rechercher pour en assurer le succès. »

Au lendemain de la Révolution de 1830, quand Marmont s'apprêtait à quitter la France, sa femme eut pitié de celui qu'elle avait jadis tant aimé, et écrivit au duc Decazes et à Pasquier pour intercéder en sa faveur. « Ne manquez pas, mon cher duc », écrivait-elle à Decazes le 29 septembre 1830, « de parler au duc de Broglie dans le sens dont nous sommes convenus et de lui faire sentir l'absurdité des scrupules qu'on a pour régulariser la position d'un homme qui n'est ni proscrit, ni en jugement et insistez sur l'injustice qu'il y aurait de refuser son serment et par conséquent à arriver par ce moyen insidieux à le rayer des contrôles de l'armée pour avoir son bâton à donner à quelque autre. Insistez surtout sur le manque de générosité qu'il y aurait de la part de quelques individus à ne pas élever la voix en sa faveur lorsqu'il y a plus d'un individu dans le Conseil qui lui ont l'obligation de n'avoir pas été arrêtés pendant les fameuses journées. » Plus tard, quand le maréchal se fut fixé à Venise, la duchesse de Raguse alla le voir.

« Les événements qui m'ont fait quitter la France », écrit Marmont, « ont semblé rappeler en elle quelques bons sentiments pour moi. J'ai tant de peine à haïr, je trouve tant de douceur dans les sentiments opposés à la haine que je me suis montré sensible à son intérêt. » Ce fut la dernière fois qu'elle vit son mari. « Il est encore très leste », racontait-elle à ses amis, « et saute avec agilité dans les gondoles, je n'ai pas pu en faire autant avec mes pattes. »

Les dernières années de la duchesse de Raguse se passèrent dans un isolement à peu près complet, car toutes ses amies étaient mortes successivement. Conservant un certain train de maison malgré sa pénurie d'argent, elle avait encore des voitures, quatre chevaux, deux cochers, un jardinier, un maître d'hôtel et un valet de chambre nommé Vidal, dont la mère était depuis longtemps à son service en qualité de femme de chambre. Ce personnel arrivait très difficilement à se faire payer et taxait la maréchale d'avarice et d'égoïsme : c'est d'ailleurs la réputation qu'elle a laissée à Viry où on lui reproche de n'avoir pas fait de largesses à la commune et de n'avoir donné pendant les cinquante ans qu'elle habita le village qu'un bénitier en pierre qui se trouve à l'entrée de l'église et deux bannières : à sa mort elle laissa pourtant 2.000 francs aux pauvres. Peut-être, comme beaucoup de vieillards, la maréchale Marmont était-elle devenue un peu égoïste et d'une humeur difficile à la fin de sa vie, mais on ne saurait lui en faire un crime ; d'ailleurs elle était obligée de compter pour conserver sa propriété de Viry qui était sa seule joie et sa seule distraction.

Marmont était mort à Venise le 2 mars 1852[1]. Sa femme ne lui survécut pas longtemps. Horriblement défigurée par un cancer que soignait le docteur Larrey, elle avait dû subir une opération et on lui avait mis un nez d'argent, ce qui faisait dire aux habitants de Viry qui la voyaient sortir seulement pour aller à l'église et la figure toujours couverte d'un fichu de dentelles noires : « Elle a un nez d'argent, mais pas un cœur d'or ». La duchesse de Raguse mourut à Paris dans son appartement de la rue de Varenne le 25 août 1855, âgée de 78 ans, et fut enterrée au Père-Lachaise où on peut contempler son magnifique monument surmonté de ses armes.

1. Son corps fut ramené à Châtillon-sur-Seine où les obsèques furent célébrées le 6 mai. Sur le bord de la tombe, trois orateurs, M. Lapérouse, au nom de la municipalité, le général de la Rue, ancien aide de camp du maréchal, et M. Grimaud de Caux, son compagnon d'exil, rappelèrent les épisodes glorieux et douloureux de la vie de Marmont ainsi que les nombreux services rendus par lui à la ville et à la population de Châtillon-sur-Seine.

FIN

TABLE DES MATIÈRES

Poitiers. — Imp. du Poitou, 22, rue de la Marne.

www.ingramcontent.com/pod-product-compliance
Ingram Content Group UK Ltd.
Pitfield, Milton Keynes, MK11 3LW, UK
UKHW022108260726
13993UKWH00001B/382